风险管理探微致著

季景玉 ◎ 著

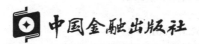
中国金融出版社

责任编辑：肖　炜　方　蔚
责任校对：刘　明
责任印制：陈晓川

图书在版编目（CIP）数据

风险管理探微致著／季景玉著． -- 北京：中国金融出版
社，2025.1. -- ISBN 978 - 7 - 5220 - 2615 - 2

Ⅰ．F832.33

中国国家版本馆 CIP 数据核字第 2024D263Y2 号

风险管理探微致著

FENGXIAN GUANLI TANWEI ZHIZHU

出版
发行　**中国金融出版社**

社址　北京市丰台区益泽路 2 号
市场开发部　（010）66024766，63805472，63439533（传真）
网 上 书 店　www.cfph.cn
　　　　　　（010）66024766，63372837（传真）
读者服务部　（010）66070833，62568380
邮编　100071
经销　新华书店
印刷　涿州市般润文化传播有限公司
尺寸　155 毫米 ×230 毫米
印张　11.5
字数　113 千
版次　2025 年 1 月第 1 版
印次　2025 年 1 月第 1 次印刷
定价　60.00 元
ISBN 978 - 7 - 5220 - 2615 - 2
如出现印装错误本社负责调换　联系电话　（010）63263947

前　　言

　　本书由《风险管理解析》和《风险管理概要》两部分组成，均是长期学思践悟的总结提炼。前者侧重思想认识，主要是在实践基础上力图拨云见日、求真务实，在内容上洞察、拓展和提升风险管理；后者侧重实践运行，主要是在学习基础上力图去粗取精、继承发展，在操作上体系化、严谨化、清晰化风险管理。两者角度不同、内容有重复。两部分虽都参考了一些文献，但未必做到正确理解和使用，文中观点也未必正确，不揣浅陋倾肠倒肚，希望沙里带金有所贡献。

目　　录

上篇　风险管理解析

下篇　风险管理概要

上篇

风险管理解析

引　言

　　日常风险管理有着繁多的事务、文件和思想，伴随着随经营压力而增减的上下左右之间各有道理的分歧，经历着不断兴衰起伏的地位变化，如何认识风险管理实质、把握风险管理方向、保证风险管理作用，本书做了点探索。

　　本书认为风险管理是风险和管理的复合，是管理学在风险领域的运用；同时，风险管理是企业职能之一，是实现企业整体目标的组成部分，与业务发展之间是关联一体而不是独立并列关系。在此基础上，本书从管理对象、管理行为和管理价值三个维度，试图全面、深入阐释风险管理。本书仅对每一环节说明观点、理由和建议，没有全面介绍，更谈不上正确无误，意在启发思考、抛砖引玉。

　　本书是作者多年来对业界风险管理观察、学习和思考的结果，尽可能做抽象的逻辑分析，不反映任何单位的任何具体情况和观点，文责自负。

第一章 对象维度：风险与风险管理

第一节 概 论

风险内涵

企业在创造价值的过程中会面临不确定性——一些给创造价值带来正面或负面影响的相关事项可能发生也可能不发生，发生后对企业创造价值会带来或大或小的影响，即相关事项发生与否及其对价值的影响程度不能准确预知，价值实现具有不确定性。风险就是企业在创造价值的过程中面临的负面不确定性，或者说价值实现的负面不确定性，来源于可能发生的负面事项。风险直接关注的是结果，着眼于结果的不确定性，结果的不确定性来源于相关事项即风险因素的不确定性。在提到风险的时候，有时是从总体结果的角度，有时是从具体因素的角度。从因素到结果之间的桥梁，即风险因素作用的对象、风险结果源自的载体构成广义上的风险敞口。风险管理就是把价值实现的负面不确定性控制在适宜范围内，为企业创造价值服务。这是对风险和风险管理的基本认识。由此出发，可以对企业的各种风险形成一般性的全面认识，便于在实践中具体认识风险和管理风险。

在日常实践中，企业创造价值具体体现为目标的制定和实现，相应地，风险产生于目标，风险管理服务于目标。从实践的角度看，风险可以说是目标实现的负面不确定性。

风险概念有三个要点：

第一，中心词是不确定性。不确定性有两个表征：发生可能性的高低和发生后影响程度的大小。未来的事情难以充分把控，适度接受风险是必要的，离开了可能性的高低和影响程度的大小泛谈风险就会草木皆兵、进退维谷，于事无补。如发放一笔项目贷款，只要资本金还没有全部到位就存在资本金到位风险，所有项目都存在能否如期建成和建成后能否顺利达产、市场是否仍然符合预期的风险，等等，这些风险只有在评估可能性和影响程度后才有实际意义。

第二，不确定性的限制词之一是"负面"，即妨碍期望实现，结果劣于期望。期望实现的过程中可能有正面情况，也可能有负面情况，正面情况是机会，负面情况是风险。为尽量保证期望实现，就要预判负面情况，采取预防措施，即管理风险，"负面不确定性"是风险管理的支点。

第三，不确定性的另一限制词是"创造价值"或"目标实现"，即按照现在的期望追求未来的结果。一方面，这与风险的"不确定性"相契合：未来不能充分把控，结果与期望会有偏差。另一方面，这一限制词有三层含义：一是风险与期望有关，有期望就会有风险，并且期望在一定范围和程度上决定了风险；二是风险具有衍生性，有目标地做事就会有风险，有追求就会有风险；三是风险是企业履行职责实现使命的"副产品"，也是企业成败兴衰的决定因素。这三层含义说明：风险管理具有普遍和重要意义，服务于更好地建立期望和更好地做事以实现企业的成功，通过对负面结果事先有预判有选择有预防、事中发展有控制、争取事后结果可承受达到管理目的。

风险构成

风险大致由三部分构成：风险因素、风险敞口和风险结果。风险因素是对目标实现有负面影响的因素，风险敞口是目标实现的、受风险因素影响的业务载体，风险结果是风险因素的影响情况或结果劣于目标的情况。风险内涵重在风险结果，风险因素和风险敞口是风险结果的两个前导要件。风险就是风险因素发生并使结果劣于目标的可能性。对风险结果，事先看的是可能性（结果劣于目标的预测情况）即风险，事后看的是现实性（结果劣于目标的实际情况）即实际风险结果。风险的机理可以看作是风险因素作用于风险敞口产生了风险结果。解析风险构成有利于更好地认识风险和管理风险。

（一）风险因素细分

风险因素按其来源可细分为外部因素和内部因素，外部因素如客户经营不善，内部因素如合作策略失当。外部因素又可细分为宏观因素和微观因素，宏观因素指来自环境方面的一般因素，如经济不景气、自然灾害、政策变化等，微观因素指来自客户个体的特殊因素。

风险因素按其影响程度可细分为系统性风险和个案风险，系统性风险是对一个领域都有影响的风险，如行业不景气、产品设计漏洞，个案风险是对一户一笔业务有影响的风险，如客户投资失误、银行人员舞弊。对系统性风险的另一种解释是无法分散的风险，即着眼整体但不能通过分散化对冲掉的风险。分散化是相对的，有不同范围的分散化，如在一个行业内不同客户或不同投资品可有一定的分散化，一国之内不同行业可有一定的分散化，多国之间也可有一定的分散化。这里所说的系统性风险指对纵向一个条线都有影响的风险。

风险因素按其影响对象可细分为战略风险、信用风险、市场风险、操作风险、流动性风险、银行账簿利率风险、声誉风险、国别风险、信息科技风险等各种风险。各种风险细分后在突出针对性的同时也需要从全局出发加强整合管理，从而产生了全面风险管理。

风险因素细分的意义在于，事后看到的风险结果是多种情况的复合，既容易将其狭隘地归因于某一种情况，也容易在风险管理中一叶障目，风险因素细分有利于深入诊断具体病因。如信用风险的共同表现都是客户违约，但是在客户违约前，信贷战略可能失当，明知山有虎偏向虎山行；单户合作策略可能失当，如深度融资后难以及时抽身；产品设计也可能失当，被不法客户钻了漏洞欺诈得逞，等等。从各种可能角度细分后，就可对风险因素进行有针对性的管理，既看到外部因素也看到内部因素，既看到个案风险也看到集群性、区域性、系统性、整体性等宏观风险，既看到信用风险等现实风险也看到战略风险等前导性风险和声誉风险等衍生性风险。

（二）风险敞口细分

风险敞口按其范围可细分为债项、客户、集群、行业、地区和整体等风险敞口。整体风险由表及里又可细分为两类，一是外在的整体风险，即作为一个整体来看的风险；二是内在的整体风险，即从解剖来看由结构关系产生的组合风险。

风险敞口按其结构可细分为表内外、母子公司、国内外等风险敞口。

风险敞口细分的意义在于，不同的敞口具有共性的风险因素，抓住共性风险因素可实现更大范围、更有效率的风险管理，统筹兼顾微观管理和宏观管理。如集群性风险通常有一核心主体起到龙头作用，管好龙头风险才能控制其连带的集群性风险。行业风险具有一定的外部共性特征，区域风险兼具外部和内部的共性特征，充分识别出来、管理起来有利于管好宏观风险。又如，对母子公司的敞口细分产生了并表管理，对国外的敞口细分产生了国别风险管理，对各种风险的细分（可看作是对各种风险因素及其对应风险敞口的细分）产生了全面风险管理。

（三）风险结果细分

风险结果按其所在阶段可细分为预测结果和实际结果。预测结果反映的是风险，实际结果反映的是现状，不是风险。预测结果包括两点：发生可能性的高低和发生后负面影响程度的大小，这两点对管理风险十分重要、缺一不可。实际结果即风险已经发生、影响程度已经明了，但在影响程度上可有不同表现，如贷款逾期、不良、彻底损失等。

风险结果按考察期限的长短可细分为短期风险和长期风险。同一客户不同期限风险会有不同，不同期限风险和违约率高低的二维组合有四种情况——短期风险高长期风险低、短期风险高长期风险高、短期风险低长期风险低、短期风险低长期风险高，识别出这四种情况可以更深入地认识客户风险，进而更好地制定合作和风控策略。

风险结果细分的意义在于，实际风险结果虽然可以在一定程度上反映风险，但不能以实际风险结果简单代替风险，实际风险结果是过去时，风险是将来时。反映风险要考虑可能性和影响度两个角度，反映实际风险结果可通过对实际影响度的大小进行分层分类来刻画。把风险预测结果按期限长短细分后，不同期限风险有不同的分析重点，加之与高低不同程度的组合，有利于采取更适宜的合作策略，更有效地拓展市场和防控风险。

风险识别

风险识别是风险管理的起点，包括对风险种类和风险因素的识别。一项复杂业务会有多种风险，一种风险会有多种影响因素。识别风险前心中要有风险图谱，即对风险内涵和风险构成有比较全面的认识，否则会视而不见。

风险识别要与管理目的相协调。管理目的可以有两个角度，一个是管理具体风险种类，另一个是管理具体业务目标。就管理具体风险种类而言，目的模糊会导致认识模糊，进而或者众说纷纭、或者策略失当。如只看到一个客户当前经营较好就忽略长期风险深度介入，短期风险遮蔽了长期风险，实际分析的是短期风险但实际承受的是长期风险，导致当客户风险逐渐升高时难以及时抽身。再如对一个行业或地区的风险分析，往往侧重总体经济现状及趋势，这对把握战略、确定总体及单一客户的融资总量和深度是必要的，即主要服务于长期风险管理，如果将其扩展应用到短期风险管理，或者不自觉地把长短期风险混为一谈，长期风险高就容易误伤短期市场——与一个近期内有还款资金的客户保持灵活的交易性往来，则短期风险不大，但把实际上的长期风险分析应用在短期风险管理上或者宽泛的一般性风险管理上，这样的业务就可能做不成。在风险识别前要搞清识别的目的，目的越具体明晰识别就越有针对性，管理才越有适宜性，减少以至避免误判和误伤，也容易形成共识。就管理具体业务目标而言，风险又有两个维度，一是目标制定和战略/策略选择的战略/策略风险，二是目标实现和战略/策略实施过程中的具体业务风险，两类风险贯穿于目标制定、战略/策略选择到业务开展的全过程。从具体风险种类出发管理风险有利于突出专业性、针对性，从具体业务目标出发管理风险有利于突出综合性、集成性，前者与企业目标实现的联系相比后者会松散一些。企业规模越大、风险越复杂，就会越倾向于前者，这时就需要从企业全局到职能部门把握好风险管理职能定位。

风险评估

风险评估是对风险发生可能性高低和发生后影响程度大小的评估，包括对风险结果和风险因素的评估，可以采取定性或定量的方式，是风险识别和风险应对之间的桥梁。

风险评估的作用在于，一是可以避免风险泛化，使风险识别有意义；二是可以避免管理泛化，使之能够对症下药。在避免风险泛化方面，一件事往往存在多种风险因素，如对其重要性缺少评估，就会草木皆兵，风险认识广度有余深度不足，不能找出对目标有实质影响或重要影响的因素，也就无助于正确应对风险实现目标。没有风险评估跟进的风险识别，貌似细致实则无用。在避免管理泛化方面，风险评估提供了风险发生可能性高低和发生后影响程度大小两项判断，可以根据需要采取适宜的应对措施，避免眉毛胡子一把抓，或者应对过度，或者应对不足，或者风险识别和风险应对相脱节、各说各话。

风险评估包括风险发生可能性高低和发生后影响程度大小的评估，在影响度评估中，风险敞口在风险因素和风险结果之间起到桥梁作用。前面说过，风险的机理可看作是风险因素作用于风险敞口产生了风险结果，没有风险敞口作为风险因素落地依托的风险评估，实质上没有影响度评估，而是在潜移默化中把风险因素的重要性视同了影响度的重要性，但实际上即使风险因素比较突出、重要，但其影响也未必重要。离开风险敞口的严重度评估会失去意义，由此会产生两个问题，一是应对措施的针对性即落地点，不知应该重点防护哪里（风险敞口）；二是应对措施的适宜性即方法和力度，不知是否对症下药和药量大小。风险评估尤其是宏观风险评估，往往忽略或模糊受风险因素影响的主要的具体风险敞口。如对国内外政治经济军事形势说了很多，但并不知道这些因素影响到哪里、影响到什么程度，包括直接和间接的影响，接下来提出的工作方案也不知道和这些因素有什么关联或关联到什么程度，结果是风险分析可能仅起到了引起思想重视的作用，管理行动虽有意义但看不出同风险认识的关联性和适宜性。

风险应对

风险是目标实现的负面可能性，包括风险发生可能性的高低和发生后负面影响程度的大小，即可能性和影响度，这是风险应对的两个具体指向，风险应对就是要尽量降低可能性和影响度。

前面说过，风险的机理可看作是风险因素作用于风险敞口产生了风险结果，要降低可能性和影响度也需要从风险因素、风险敞口和风险结果这三个要素入手。

从风险因素出发应对风险，风险因素有外部因素也有内部因素，外部因素有宏观因素和微观因素，内部因素主要是合作策略因素。宏观因素涉及范围宽、持续时间长，需要从战略上考虑，对其涉及范围内的业务提出一般性应对措施，即从整体上应对（这也是全面风险管理应有的一个核心要义），具体业务办理时要遵循一般性应对措施。对宏观因素，不能降低可能性，只能降低影响度。微观因素与客户行为相关，可以通过协议约束风险，加固其目前可见可预期的好的方面使之可持续，限制其扩大风险的行为，降低可能性和影响度。合作策略包括选择什么样的客户、满足客户的什么需求、在多大程度上满足客户的需求、以何种方式满足客户的需求等。合作策略可抵减外部风险因素的影响，但掌握失当也会起到负面作用，构成内部风险因素。如重点以可见可控的现金流为基础满足客户的短期需求，风险就相对较低，对客户风险能够起到一定的抵减作用。如对好客户过度供给，可能助推甚至驱使其走上资金不当使用或经营不当扩张、风险逐渐扩大之途，合作策略就成为风险之源。再如，形式短期但实质长期的合作比形式长期的合作风险可能更高，因为表里不一容易导致风险误判，合作策略隐蔽了实质风险也就使其成为一个风险源。

从风险敞口出发应对风险，一是要准确识别风险敞口，二是注意风险敞口的适度性。在识别风险敞口方面，要根据业务实际据实分析，不宜仅根据制度规定据章分析，因为有时具体操作可能偏离制度规定。如一些按规定没有风险敞口的结算或者代理业务，由于不当操作同样能够形成风险敞口。对风险敞口的适度性，需要从两个角度把握好两个"度"，一是站在银行的角度，要控制集中度；二是站在客户的角度，要控制其过度融资。控制集中度，因为未来不尽在掌控之中，对自己保持谦虚，对风险保持审慎，有利于平稳经营。控制过度融资，因为客户风险也不尽在掌控之中，适度介入可保持一定灵活性，有利于抵减客户风险。

从风险结果出发应对风险，主要是对风险发生采取补救措施，重点是降低影响度，典型手段是担保。除少数优质担保外，客户自身始终是风险应对之本，担保始终是辅助手段，那种东方不亮西方亮、客户不行担保顶的思想是错误的，因为一旦风险发生，资产质量就会受到影响，相应地，收入、拨备、资本、利润都会受到影响，而且，担保最终也未必能够起到预期的作用。在担保选择上，需要注意担保能力与客户风险的相关性。保证担保是这样，抵质押担保容易忽略这点，但其实也是这样。如生产企业的房地产抵押，抵入时客户经营正常，房屋维护良好，厂区欣欣向荣，这时的估值是在一切正常情况下的估值，覆盖贷款绰绰有余。但当企业经营不善，经过长时间追债能够处理之时，多半会房屋破败、厂区凋敝甚至还有机器设备需要处理，买受人可能不多，加之时间仓促，从理想的模拟评估到无奈的实际变现，价值会大打折扣，并不像期初考虑的那样可以充分覆盖贷款。房地产是多数企业所能提供的最好抵押物，不是不能接受，而是要正确认识其作用，对可能损失心中有数并尽量控制，不能盲目乐观。担保对降低风险发生可能性的作用有限，除少数优质担保外，个人唯一住房抵押（不是一般的住房抵押）可以对客户履约起到心理约束作用，降低风险发生的可能性，其他担保则作用不大甚至没有。

风险监督

风险监督既是风险应对的跟进，也是风险应对的前导，可简单划分为跟进型和前导型两种情况。跟进型风险监督，重在关注管理措施的落实和效果情况，相对比较具体。前导型风险监督，重在发现新情况新问题，相对比较模糊。两者并非截然区分，跟进型风险监督在关注现有措施落实和效果情况后，便为后续措施提供前导支持，只不过以现有措施作为切入点。

在监督内容方面，跟进型风险监督属于回头看，重在具体事实，包括内外两个角度，对外是客户是否履约，对内是规定是否落实，相对比较具体。前导型风险监督属于向前看，依据现在和历史，重在风险预测，相对比较模糊。预测风险有多种角度，如从风险来源的内外两个角度，可有客观风险态势预测、产品和策略风险评估；从风险发生发展的远近两个角度，可有风险预测、风险偏好和风险管理评估；从风险敞口大小的角度，可有个案、集合、组合风险预测；从风险预测期长短的角度，可有短期和中长期风险预测；从风险严重程度的角度，可有违约风险预测和临近违约的较高风险预测；等等。跟进型的回头看和前导型的向前看，两者的较大差异是对"准确性"的理解和把握。回头看的准确性与一般理解无异，即与既成事实比较；向前看的准确性与此不同，是统计意义上的准确性——一个客户的风险高，是指同类客户的风险高，即当达到一定数量后，这类客户呈现较高的风险发生率，即使如此，也是实际结果和预测结果相接近，而不是两者分毫不爽。由此带来两个问题，一是对准确性的一般理解和其实际含义有差别，二是实践中如何把握准确性。实践中往往同时强调前瞻性和准确性，向前看才有前瞻性，回头看才有准确性，也就是把跟进型和前导型风险监督各取其长提出了一个理想化的组合目标。实践中，需要把两类风险监督区分开来，对跟进型风险监督要强调准确性，对前导型风险监督要审慎对待准确性。风险以在预测期内发生与否来判断，前瞻性和准确性存在矛盾——强调前瞻性就会较多地伤及无辜，强调准确性就会带来滞后性甚至马后炮。平衡好两者，既较少地伤及无辜，又有较好的提前量，可以考虑两种方式：一是个案预测组合预警，比较符合准确性的统计意义，尤其是对小微企业和个人客户；二是适当放宽预警的含义，即不是风险高才预警，而是有重要问题就应当预警，所谓重要问题就是与高风险相关的问题。风险预测高的客户必有重要问题应当预警，预警对象包括但不局限于此，一些风险预测低的客户也可能有重要问题需要预警。从高风险预警转为重要问题预警，既符合风险管理的基本要义，也解决了准确性的困扰——"问题"以重要性来判断比较务实，能在较大范围内达成共识就是准确，相比于"风险"以在预测期内发生与否的机械判断更有实际意义。剩下的问题就是如何判断问题是否重要，这没有绝对标准，可以根据工作量、实践感知和遗漏的高风险客户多少，对以统计模型预测风险的客户商定预警阈值，对反映重要问题的所有客户都可能触及的规则模型商定具体标准。对重要问题预警，需要在预警时指出具体问题，对这些问题重要性的认可度就是准确性的一个实践判断标准。把预警视野从高风险转向重要问题，可以进一步打开预警空间，有利于提高务实性和有效性。

风险监督要解决好目的和内容、表象和认识的协同，并进而解决好监督与应对的协同。目的清楚才能更好地开展工作。缺少目的指引，风险监督容易拘泥现状、浮于表面，这是风险监督在目的和内容上面临的一个挑战。以跟进型风险监督为例，就客户履约而言，贷款用途是一项基本要求，如监督目的是防止挪用产生的合规风险，没有其他特别考虑，仅监督贷款直接和间接支付也就够了；如监督目的是防止挪用产生的贷款风险，就不应局限于此，还应关注在整个贷款期间企业的整体资金使用。就规定落实而言，存续期管理是一项基本工作，监督目的由简单到复杂可以有三个——合规、质量和作用，如监督目的是看工作的合规性，仅看规定动作是否落实即可；如监督目的是看工作的质量，就要进一步看具体内容；如监督目的是看工作的作用，还要把工作过程和风险结果对比起来看。为强化目的导向，可以建立监督框架图，把主要目的作为第一层，把支持主要目的的细分目的或主题作为第二层，把实现细分目的或主题的具体监督场景或模型作为第三层，这样可以全面和深入地审视并进而主动掌控风险监督工作，即主要目的是否满足管理需要，细分目的或主题是否合适，具体监督场景或模型是否充足和必要。

　　风险监督面临的另一个挑战是如何认识表象问题，即如何由表及里找到病因以便对症下药。首先，思想上应当有病症和病因两个概念，直接发现的表象问题是病症，继而深入分析病症的产生原因找到病因。一个参考方式是把表象从普遍性和特殊性、长期性和短期性等角度进行划分，把原因从操作到管理、从个体执行到机构管理再到主要人员履职、从实际运行到政策制度本身等角度进行划分，这样可把表象和原因大致匹配起来。偶发问题可能属于个体执行问题，个别机构频发的问题可能属于机构自身的管理问题，个别机构长期频发的问题可能属于机构主要负责人员的履职尽责问题，较多机构频发的问题可能属于上级机构的管理问题或政策制度本身的问题。对频率高或期限长或影响大的问题，要透过表象找到根源。

　　风险监督要与风险应对相协同，根据问题的重要性和原因所在采取适宜的应对措施，使两者良性循环、相互促进。严肃的应对措施可督促提升监督的权威性，监督有权威性才能实现措施有严肃性。如果两者联系松散，风险监督就会缺乏质量约束和价值体现，监督的质量和作用就会大打折扣。

　　风险监督与风险识别的关系：两者所处阶段不同，风险识别处于流程的初始阶段，对拟办业务的风险从未认识到认识；风险监督处于流程的中间阶段，对已办业务的风险从认识到再认识。两者在内容上有交叉，都需要发现风险，监督还包括评估。

第二节 专 论

风险能否准确预测

风险在未来一段时期内能否发生，对此不能准确预测。能预测的是风险发生的概率，即可能性的大小，其意义是类似情况较多时风险发生的大致比例。

风险为什么不能准确预测？从风险内涵看，风险是目标实现的负面可能性，不是必然性，所以不能准确预测。风险的内涵中还包括另一点意思：目标是期待的未来的结果，从现在到未来可能会有不可事先掌控的情况发生影响目标的实现，即影响因素有不确定性，并进而产生结果的不确定性，所以不能准确预测。从风险评估来看，基本是从个体或历史出发总结规律、再用规律反观个体及其未来，即从特殊到一般总结规律，再从一般到特殊使用规律。规律来自样本和历史，规律本身只是尽可能地反映样本和历史的一般情况，其本身也不能与两者完全吻合，应用到新的个体上自然也会有偏差，风险不能准确预测。

如何理解各种预言家？既然风险不能准确预测，但也经常听闻某学者准确预测了某次金融危机、某人早就指出了某企业会违约等，两者是否矛盾？并不矛盾，而且很正常。第一，风险不能准确预测，是说事先不能充分肯定其发生与否，预测应验即准确了，是事后的验证不是事先的推定，事先能严格推定的结果也不是风险；第二，风险发生与否要有一定的时间作为前提，即在一段时间内发生与否，离开了时间就没有实际意义；第三，风险发生与否是由两个互否结果组成的全集，也就是说，两种相反的预测必有一种是准确的，只要有相反的预测就一定有正确的预测，而不见得有多高明；第四，建立在掌握更多信息、作出更好分析基础上作出的预测，准确性会相对高；第五，统计预测准确性建立在群体之上，具体到一个具体个体或事件，随机因素较多，实际结果具有偶然性，一户 AAA 级企业可能违约，一户 BBB 级企业也不一定违约，个体预测准确是一种巧合，只不过基于深入分析的预测巧合的可能性更高，就像说一户 AAA 级企业不会违约比说一户 BBB 级企业不会违约犯错的可能性要小，但仍可能犯错。

如何更好地预测风险？既然风险不能准确预测，具有不确定性，就会有不同的看法，那么如何更好地预测风险？就风险计量而言，现在信息多、工具多，计量风险不困难，困难的是如何更好地计量风险。更好地计量风险，就是除了满足模型质量的衡量指标外，对风险认识更清楚、结果更实用，也就是更好地解决实践问题。为此，一是需要研究实践，提炼问题，设计模型；二是需要分析可用信息特点，挖掘优势价值，解决相应问题；三是需要知悉模型优劣特点，选择适宜的模型。搞大水漫灌式简单建模，或刻意追求技术搞复杂模型，实际作用有限，还会由模型带来新问题，如缺乏实际含义难以沟通交流，过于注重随机信息而未抓住根本，模型维护成本高，等等。推荐的一种计量方法是：风险细分、专科诊断、联合会诊、综合应用、能简则简。所谓风险细分，是指对客户风险有个简要画像，如风险程度可分为强违约和弱违约，预测期可分为一年期和两年期，两者交叉并用比单纯的一年期、强违约能更好刻画客户风险，也更具使用价值，如对大客户预测一年期强违约风险的增值作用和使用价值都不高。所谓专科诊断，就是对各类信息分类建模，如财务信息、银行流水信息、征信信息、资本市场信息等分别单独使用，深入挖掘各类信息价值，突出功能特点，可以更有针对性地解决问题。所谓联合会诊，就是把各专科诊断结果联合起来共同研判客户风险，每个专科都会得出关于强违约和弱违约、一年期和两年期的"2×2"的客户风险画像，把这些局部结果联合起来得出客户最终的"2×2"风险画像，可以更全面和深入研判客户风险。所谓综合应用，就是从客户最终风险画像出发，归纳提炼最有价值的风险特征，最终使用的是归纳提炼的结果，这样可以抓住重要问题提高使用效果。比如，对一年期强违约风险较高的客户，就无需再看其他情况，采取尽可能的控险挽损措施；如一年期强违约风险低，再看两年期强违约风险，如果高，就需要抓住时间窗口抓紧退出；如一年期和两年期强违约风险都低，再继续看弱违约风险情况；如一年期弱违约风险高，也无需再看两年期情况，要控制总量并加强存续期管理；如一年期弱违约风险低但两年期弱违约风险高，要控制总量和同业占比保持灵活性；如一年期和两年期弱违约风险都低，对这样的客户应当更放心；等等。通过综合画像结果发现关键风险特征进而掌握适宜风控策略。所谓能简则简，就是能使用简单模型解决问题就不使用复杂模型，被迫使用复杂模型后也要看看能否以复杂模型作为先导，借鉴其结果后再以简单模型取代。

风险能否发生不能准确预测，同样，风险发生后的损失程度也不能准确预测。根据可能性的高低、严重程度的大小，损失程度有三种预测：一是预期损失，二是非预期损失，三是极端损失。预期损失是平均损失，进入经营成本。非预期损失是一定置信区间下全部损失超出预期损失的部分，需要资本覆盖；极端损失是在压力情景下可能发生的严重损失，需要采取一定的预防措施。

风险不能准确预测的启发是：第一，违约客户不能被提前准确定点处理；第二，风险管理重在预防；第三，风险管理要从风险因素（或风险问题）、风险敞口、风险结果多点切入，不宜仅局限于风险结果；第四，风险管理要以一部分无用功为代价才能保障有用功。

风险预警的"不可能三角"

前瞻性、准确性、贡献性不可兼得，倾向其一就会以损失另外一个或两个为代价，这是风险预警的"不可能三角"。前瞻性要求越高，看得越远，其间变化不定的信息就会越多，就会越看不准，即准确性就越低。准确性要求越高，看得越准，就需要依据越充分、其间变化越小，只有临近看才做得到，即前瞻性就越低。贡献性要求越高，风险都能被看到，或者临近看甚至放马后炮而缺乏前瞻性，或者远处看草木皆兵而缺乏准确性。理想化地要求既要早发现、也要看得准、还要无遗漏，实际上做不到。

实践中前瞻性、准确性和贡献性都是必要的，如何处理三者之间的关系？首先，在思想上应认识到前面说的"不可能三角"。不能只顾优不顾劣地提出过高要求，或者灵活多变地只顾其一不及其余地看问题——忽而觉得前瞻性不够，忽而觉得准确性不够，忽而又觉得贡献性不够，一个问题解决得越"好"，带来的其他问题就越大，循环往复、永无休止。其次，在三者之间做好平衡，在模型质量尽可能好的前提下，确定合适的标准使三者都能适当兼顾，可结合风险管理需要掌握平衡原则，如对需要加强风险管理的高风险领域，可适当降低准确性要求，提高前瞻性和贡献性。最后，根据工作需要掌握平衡策略和预警方式。一般地，大客户的风险发生发展都有一个过程，合作策略的调整也需要一个过程，这就要求预警要有前瞻性。前面说了，保证前瞻性会牺牲准确性，为减少以至避免由此带来的负面结果——因误判而把好客户拱手相送，需要深入研究合作策略。在合作策略方面，大客户可区分为战略客户和普通客户两类，对战略客户全面、深入甚至排他性地满足需要，对普通客户有选择、有节制甚至主动让出部分业务或份额。比较大的风险不在普通客户，而是策略失当把普通客户当作了战略客户，或者当战略客户风险上升时没有及时退为普通客户。对战略客户预警后，要研究是否将其退为普通客户，对普通客户预警后要研究是否继续撤退，对合作策略进行渐进性调整，随风险发展变化掌握方向、力度和节奏。这样即使判断有误，也代价不大，还可经过考察后及时纠正，体现了风险预防的原则，避免过冷过热、冷热剧变。大客户的一个特点是在当地的重要性比较高，风险预警会有一定阻力，分歧大会影响工作开展。为减少阻力，更好地实施风险管理，需要深入研究预警方式。在预警方式方面，可将偏重结果的风险预警转换为偏重过程的问题预警，即预警重要问题，相应研究问题的影响度，继而研究合作策略。问题预警包括但不限于风险预警的范围，可以有更广的覆盖面。问题预警相比于风险预警更具体明确，也就更容易形成共识，由此出发研究合作策略更有针对性、更符合风险预防原则，可以减少阻力便于工作开展。大客户还有一个特点，就是出险后损失大，这就要求预警要有贡献性。前面提出的客户分层、渐进施策减少了准确性的负面影响，问题预警扩大了覆盖面并减少了工作阻力，这些都有利于提高贡献性。综合起来，客户分层、问题预警、渐进施策兼顾了前瞻性、准确性和贡献性这些具有内在冲突的要求，也使大客户预警更有可操作性。小客户风险变化快，误判代价小，预警应着重贡献性，且因远期信息价值有限，预警应长短期并重。

风险预警可有五种方式：风险预警、问题预警、板块预警、认识预警和策略预警，根据实际管理需要，结合对前瞻性、准确性和贡献性的权衡取舍掌握使用。风险预警即对预测风险较高的客户进行预警，在前瞻性、准确性和贡献性三者之间有冲突，根据工作需要权衡取舍，前面已讲过。问题预警即对关系风险的重要问题进行预警，重风险因素不重风险结果，准确性要求不高，有前瞻性和贡献性，前面也已讲过。板块预警是使用微观预测结果做与微观预测样本相近的业务板块的总体风险预测，如果预测结果较高就需要对该板块进行预警，相对于个案风险预警可以更好地实现准确性。认识预警是对下级行的风险认识偏差或业务风险表现偏差进行预警，以上级行模型质量更好为基础，一种预警情况是"现状好于实际"，如对一个AAA级客户，以更好模型评估后可能是AA级即客户质量名实不符，就需要预警；另一种预警情况是"现状好于趋势"，如两个AA级客户，其中一个是从AAA级下来的，另一个是从A级上来的，对处于显著滑坡状态的客户就需要预警，类似地，对一个业务板块，如果预测违约率显著高于实际违约率即风险的未来表现要显著逊于当前，也需要预警。认识预警有前瞻性和贡献性，准确性取决于上级行的模型质量。策略预警是对下级行风控策略的适宜性进行预警，如上下级行都认识到一个客户风险较高，但下级行并没有采取必要措施，授信总量居高不下、授信方式一如既往等，这时也应当预警提示。在使用上述五种预警方式时，还需要考虑的一个因素是增值因素，即预警对下级行是否有实际贡献。如果下级行在风险认识和风控措施上无明显不当，上级行是否还需要预警就需要另外考虑了，另外考虑的因素有工作督促或履职尽责等。

抵押之梦

正常的贷款抵押在办理时都有抵押物价值充足、在打了折扣后仍能覆盖全部贷款的判断和说明，但在实际处置时很多都不能覆盖尚欠贷款以至贷款发生较大损失，初始十分充足但最终却不足。这种情况在公司贷款领域比较多见。

梦想破灭的原因较多，核心一点是一些工作在贷款首尾的逻辑错位或概念偷换。

在价值本身上，一是抵入评估时使用的是正常情况下的市场价值，而在处置时体现的是非正常情况下的快速变现价值，两者在性质上存在较大差异，此价值非彼价值；二是抵入评估的是当前价值，而处置时的价值是未来价值，虽有抵押率考虑贬值因素，但抵押率没有与时间挂钩——一类抵押物 1 年和 10 年的抵押期使用同样的抵押率，价值的时间因素考虑不充分，此价值非彼价值；三是抵押物的作用是通过处置变现收回欠款，处置抵押物能拿到的"可控款"不同于抵押物价值，需在价值变现之后扣除各种税费，价值不等于"可控款"。此外，抵押物价值与企业还款能力的相关程度也在较大程度上影响抵押物的作用。目前业界通行做法对这些问题重视不够。巴塞尔协议关于抵押物的价值评估也是指当前市场价值，对采用初级内部评级法银行的合格房地产抵押设定了 20% 的贷款违约损失率。

一方面大多数抵押贷款都会正常收回无需处置抵押物，

另一方面抵押物在处置时又有较多会发生损失不能全部收回欠款，即大多数没用少数有用但不够顶用，如何恰当对待抵押物是一个复杂问题。兼顾同业竞争和实际效用，可考虑四点：第一，对大额抵押贷款按照内评法的规定参数和本机构的历史数据计算预期损失率，控制预期损失率，可将其纳入审批授权。避免抵入时很好处置时又很差，把问题显性化，把预防措施做得更扎实些。第二，抵押率管理要细化，考虑从"当前估值"到"未来可拿到的可控款"之间的主要差距，参考历史实际损失率，不宜以一个预定的、普适的、模糊的折扣率包罗万象。第三，对抵押的要求应随贷款风险程度提高而适当提高。第四，无论采取何种措施改进管理，最基本的一点是，抵押的"第二还款来源作用"不在当前在未来，应对抵押物有未来预期评价，如同分析客户风险一样。拘泥于抵押物的当前市场价值，仅对少数市场大、流动性好、可随时处置的抵押物有实际意义。

对重要客户要有长期风险分类

内部评级法评估一年期违约概率，对重要客户应有 2 年或 3 年以上的长期风险分类。重要客户指大中型客户中考虑长期合作关系、抑或已深度介入的客户。

信贷风险中实质上的长期风险较普遍，长期风险敞口有长期风险，短期风险敞口如深度介入与客户风雨同舟也有长期风险，短期风险敞口如在贷款期内不还本只还息且循环周转同样也有长期风险，等等。虽然在业务实践中也对长期风险因素做分析，如分析行业走势、企业发展前景等，但如果没有一套分析规范和分类标准，工作质量将难以保障，更重要的是也不会有关于长期风险分类的清晰展示，而是将长短期风险不加区分混合在一起泛谈风险。长短期风险对比使用，有利于细致和正确把握合作策略，既有利于开拓市场，也有利于控制风险。如短期风险高长期风险低的客户，无论是拟新增客户还是存量客户，更考验经营管理水平，有认识才有策略，才会挖掘更多的有效市场、并会更有针对性地控制风险。长短期风险不加区分混合在一起泛谈风险，容易产生两个问题，一是以短期风险高误伤部分长期风险低的客户，简单粗暴拒之门外；二是因短期风险低而蒙蔽视野开展长期或深度合作，实际上移花接木承担了长期风险。另外，做长期风险分类能够更深入地认识客户，特别是在短期风险分析和分类偏重数据化、自动化的情况下。长短期风险分类并行且对比使用，有利于全面提升经营管理水平。

　　风险计量对长期风险分类的局限性相对较大，可侧重使用打分卡方法。同时，要建立流程，对一定规模和级别以上的长期风险分类适当上移审批层级，体现对战略型客户的战略把握要求。有了长期风险分类后，可结合短期风险分类进一步丰富经营管理策略。

关于财务分析和欺诈侦测的研究探索

（一）财务分析

财务分析比较成熟的应用在个案分析和统计建模，两者代表两个极端，前者对个案深究细研，后者为刻画总体风险特征重结果不重表义。两者都无法兼顾既可以批量侦测、又有适当准确性和良好可解释性，即不能在风险监测中更好地发挥作用，这是财务分析的应用难点。

如何建立既有良好可解释性又有适当准确性的风险侦测模型，适当弥补个案分析不能批量侦测、财务指标简单应用可批量侦测但理由牵强误判较多，以及统计建模可批量侦测结果较好但有难解释的不足，在个案分析和统计建模之间搭建一类中间状态模型，取长补短，可探索建立情景分析模型。情景分析模型是用若干指标刻画一个情景，这个情景反映一种风险问题，指标组合、具体情景、风险问题三者之间相互关联，可以自圆其说。这就借鉴了个案分析的专业性，解决了单指标应用的局限性，弥补了统计建模的难解释性，可用于批量风险侦测，既有可解释性也有准确性。

建立情景分析模型，首先从风险侦测出发考虑主要关心的情景类别，明确主题导向；其次在大类主题之下，设计若干具体情景；最后使用实际数据检验完善情景设计和参数取值。如可考虑以下三类大的情景：一是经营滑坡，二是没有经营滑坡但财物脆弱，三是既没有经营滑坡也无财务脆弱但疑似财务造假。关注经营滑坡体现风险管理的前瞻性，关注财务脆弱体现客户对百年未有大变局的环境风险的抵抗能力，同时也体现风险管理的前瞻性，关注财务造假体现不被客户表面正常所蒙蔽要有透视分析。对每个大类情景，可以设计若干具体情景体现其实际表现出来的各种具体类型。情景分析模型不同于统计模型具有广覆盖的特点，但也有自己的优势，除了前面讲到的可解释性和准确性以外还有两点，一是可以突出重点问题，有针对性地建模侦测；二是可以不受数据积累的限制，根据专业分析、实践经验和工作需要建立模型。

为既简便又深入地建立财务侦测模型，可把财务指标分成三类：一是总括类，反映总体情况；二是主业类，单列主业便于比较分析；三是其他类，反映非主业和经营可持续情况。风险较高的表现，一是总括类不好，二是总括类虽好但其他类数量大占比高，三是虽无前述情况但主业类或者不好，或者虽好但有经营滑坡、财务脆弱、疑似造假之一。综上，从报表解剖和情景分析两个维度入手，似可简化和深化财务分析。

（二）欺诈侦测

欺诈侦测在实践中应用较多，通过建立规则模型和统计模型来实现。也有通过个案分析来发现欺诈，但个案分析不能用于批量侦测。欺诈侦测领域的难点在于如何建立反欺诈思想或理论以更好地指导实践。

欺诈可以从外在行为和内在目的两个细分角度来审视。在行为方面，一个可以借鉴的传统思想是"人以类聚，物以群分"，由此启发产生的反欺诈思想是"一致性原则"——如果一个人的行为与坏人比较一致，这个人是坏人的可能性就比较大；进一步拓展，应该体现一致性的没有体现出来，或者不该体现一致性的却体现出来，欺诈可能性就大。一致性原则比较适用于信用卡反欺诈，如一张卡在用卡时间、地点、方式等方面与坏人比较一致，或者，一张卡当前的使用行为与其历史行为比较不一致，或者，几个不同持卡人在用卡行为上比较一致，这张（些）卡存在欺诈的可能性就比较大。在目的方面，可以从揣摩造假者的心理出发来看造假方式进而识假，这方面尤其适用于财务反欺诈。财务造假的目的是通过给人以更光鲜亮丽的形象，达到赢得好评、实现借款和上市等目的。为此，有两点绕不过去，一是急功近利，一般不会十年磨一剑地达到期望的造假状态；二是浓妆艳抹，对规模和利润尤其是对利润做较大粉饰，因为略施粉黛对企业自身没多大意义、银行对此也不必太介意。由此启发产生的反欺诈思想是"协调性原则"——当前与历史是否协调，是否符合正常发展规律，造假一般都有"突变"的特征；会计报表自身是否协调，包括表内和表间，可对比行业平均水平，造假一般会有照顾不周留下破绽的情况；会计报表与其他渠道信息是否协调，包括银行账户现金流、代缴水电气费、代发工资和缴税等信息，报表造假易外部信息造假难；报表信息与行业信息是否协调，一个行业内的不同企业会有一定的共性，造假不周容易使自身脱离行业或者卓尔不群。"一致性原则"和"协调性原则"对集成和深化反欺诈工作有一定帮助。

反欺诈可从事实反欺诈向定义反欺诈发展。银行识假的根本目的不在识假本身，而在防控风险，造假只是风险的一个来源。事实反欺诈有一定局限性——案例较少，确认造假需要真凭实据；滞后较多，确认造假需要较长时间。为服务防控风险本源，避免上述局限性，可适当拓展"假"的范畴，把"真正造假"拓展为"定义造假"或"疑似造假"，把"真正造假"包含其中又不为其所限，把类似情况一并纳入考虑。模型目标涵盖但不拘泥于识假，把包括造假在内的类似风险都侦测了，这样开发模型就有了充分的灵活性，防控风险的功效也会更好。

（三）综合

可进一步探索建立协调性风险模型。不协调意味着不够健康，抗风险能力应该弱，无论是否造假风险都应该高。可把欺诈风险和信用风险不加区分地作为侦测目标，探索协调性指标对客户风险的区分能力，进而尝试建立协调性风险模型。这样从协调性出发以新视角挖掘提炼财务信息的新价值，以欺诈风险和信用风险总体为侦测目标开发新模型，不仅在财务信息使用方式上有了进一步拓展，而且对客户风险评估也有了进一步拓展——识假包含其中但又不为其所限，同时模型结果还涵盖了由协调性问题带来的信用风险，防控风险的功效会更好。如果单独使用协调性指标建模有困难，也可与增长性等指标结合使用。

第三节　小　结

风险管理要讲专业认识管理对象

风险认识可分为两个层面，一是对风险的一般性内容的基本认识，二是对具体事务风险的具体认识。风险认识是风险管理的专业基础，基本认识是具体认识的基础。首先，风险认识影响风险管理工作的开展，全面深入认识风险是正确开展风险管理的前提。日常风险管理容易过于倾向任务导向和机械循环，都与风险认识有关。在日常事务较多、风险压力较大的情况下，日常风险管理容易形成任务导向。在任务导向下，风险管理忙于应对而忽略本源，致使风险管理全面推进难、求真治本难。日常风险管理在日积月累中形成了深厚沉淀，常规工作在循环往复中进行并容易形成机械循环。一项具体风险管理工作所蕴含的思想、针对的问题、期望的目的会随着工作的开展或形势的变化需要以动态的方式来实现，或者这项工作本身也需要改进甚至废止，有了深入的风险认识才能准确理解和正确对待具体风险管理工作。其次，基本认识也是上下左右之间出现工作意见分歧的一个源头。具体认识有不同是正常的，因为信息、经验、立场等有不同，但有时具体认识的不同是其背后起到支撑作用的基本认识有不同所致，即表面分歧源于深层分歧，深层分歧会扩大表面分歧并难以沟通。如对集中度风险和风险分散原则的认识关系到对一个客户或一个领域的策略掌握和评价，在"没有比这个客户或这个领域更好的市场"的情况下，该如何掌握和评价对这个客户或领域的策略，就是一个典型案例。在不考虑个体长期风险和整体组合风险的情况下，投向其他客户和领域都会增大风险；但在考虑个体长期风险和整体组合风险后，投向其他目前风险相对较高的领域未必扩大甚至可能降低长期风险和组合风险，这就有了个体的短期风险和长期风险的平衡、具体领域的局部风险和各领域组合后整体风险的平衡问题。在深层基本认识一致的情况下，即都能认识到有短期风险和长期风险、具体领域风险和整体组合风险的客观存在和需要平衡，才有利于沟通和解决表面工作意见即具体认识的分歧。风险认识是风险管理的基础，基本认识是基础中的基础，相关从业人员不仅要掌握具体政策制度，更要系统学习风险管理基础教材。

第二章 行为维度：管理学与风险管理

第一节 概 论

计划——战略和战略风险管理

计划是行动指南，包括目标和战略两项内容，目标是期待的结果，战略是获取结果的方法。目标和战略又可分为经营发展类和风险约束类，两者并重促成健康的发展。目标和战略、发展和风险构成一个二维矩阵，形成了目标和战略、发展和风险的两组四个关系。这些关系处理得越好，目标实现就越有保证和效率，也就越顺利。

在目标和战略之间，包括发展目标和发展战略之间、风险目标和风险战略之间，需要关注的问题是：战略是否为目标实现提供了充分支撑，或方法能否保障目标。往往是目标和战略各自独立提出，大方向一致但相关性未必强，两者虽然都必要，但目标未必引领战略，战略也未必支撑目标或不清楚支撑到什么程度，两者独立性强、相关性弱，结果是战略作为任务也变成了目标，甚至实质上并无配套的战略充分支撑目标。解决这个问题，需要在目标和战略之间建立协调论证机制。

在发展和风险之间，包括目标之间和战略之间，需要关注的问题是：两者实质上互为因果，需要统筹谋划。以市场为载体，风控程度决定了市场边界，反过来，市场选择包括边界定位也决定了风险大小。如果第一、第二道防线各自主要立足本位，风险线采取风控措施但不关注有效市场容量，就会影响发展目标实现；反过来，业务线积极拓展市场但不重视风险约束，就会影响风险目标实现。偏执一端的结果是对立冲突和执行困难，影响目标实现。在有内在冲突的目标之间、策略之间事先权衡轻重找出正确道路，实际上更是有效的战略制定，如果缺少这一环节不把两者统筹处理，而是并列强调，实际上是只给出了两个顾此不顾彼的行动方向或边界，把战略决策甩给了基层，任其权衡取舍，当受到市场空间约束不能同时兼顾两者时更是如此。解决这个问题，首先需要风险线统揽全局，对市场有深度研究，兼顾风险程度和市场空间，既确定风控措施也提出可行的业务指导（有利于实现发展目标的指导）；其次是风险线与业务线之间协调论证，得出合二为一、融为一体的市场拓展和风险管理综合方案。如在面对一个市场时，偏重本位的风险管理只需辨出优劣、趋优去劣也就够了，不用关心有多少"优"可趋，结果是风险防住了市场可能也没了。统揽全局的风险管理，要求不仅辨出优劣，还清楚"优"的部分有多大，甚至进一步研究把"劣"的一部分通过策略对冲挽救出来变成有效市场。这样，两道防线之间可以充分沟通形成共识，或由上层领导权衡取舍作出决定，把"既和又"的问题事先平衡好、处理好，保证目标协调、策略协调，在基层执行策略时就同时兼顾了发展和风险。

综上，制订计划需要处理好目标和战略、发展和风险之间的协同，要有协同论证机制做保障。统揽全局可提高风险管理的有效性、贡献度和权威性，也使风险管理更受欢迎。

战略作为计划的其中一项内容，容易忽视的一个问题是战略风险管理本身。战略往往因其显见的正确方向或广泛共识而被忽视内在风险，此外，正确的战略未必能得到正确的实施，现在正确将来也未必正确，加之战略对业务和风险的统领作用，管理战略风险尤为重要。重大失败往往可归因于战略失败，或者是决策错误，或者是不具有执行能力，或者是因循守旧，其根源基本都在于事先缺少战略风险管理，没有充分论证是否正确和可行而一意孤行、没有充分准备枪支弹药而盲目冒进、或者没有充分关注形势变化而刻舟求剑。战略风险与其他风险的关系，一是战略风险属于先导性风险，是其他相关风险高低的先决因素，其影响通过其他相关风险间接、滞后体现出来，处理得好坏直接关系到其他相关风险程度的高低；二是战略风险往往通过其他风险滞后体现出来，自己则被掩盖；三是战略风险的责任主体多半在上级，而其他风险的责任主体多半在下级。上述因素使得实践中对战略风险的关注弱于其他具体风险，但要有效控制其他风险，战略风险问题则不可忽视。特别是在外部环境复杂多变、同业竞争比较激烈的情况下，要求银行时刻关注战略选择、执行和调整问题，战略风险管理的重要性更加突出。

战略风险由于缺乏清晰的边界和独特的指标等问题具有一定的模糊性，可从方向、目标、方法、保障、监督与调整等自始至终各环节进行审视。方向指行动路线，目标指行动力度，方法指行动措施，保障指行动支撑，监督与调整指行动是否符合预期、是否需要调整。越是重要战略，越要把握好方向、掌握好力度、研究好措施，越要做到行动有保障、效果有监督。如近年来银行都把大力发展普惠业务作为一项战略，在方向上符合外部政策要求和自身发展需要，方向是正确的；但普惠业务风险相对较高，其自身风险如何应对以及整体风险受其影响如何应对需要有前瞻性考虑；在目标上采取渐进式还是急进式关系到风险如何应对，急进式发展更需要及时暴露风险及时处置风险甚至提前处置风险；在方法上推行数字化是正确的，但是否做到了充分吸取传统经验教训扬长补短，是否因数字化带来信息失真、模型失配、策略失当、模式失管甚至有误等新问题；在保障上是否有充足的既熟悉传统业务又熟悉数字化的跨界人才支持，不以外在数字化包装代替业务实质内核，把数字化作为手段服务于业务实质而不是独闯天下；在监督与调整上，是否有独立方及时、客观关注战略执行中的问题，发现的问题是否得到了认真对待；等等。战略风险管理要抓住两个关键环节、滚动循环。一个是战略计划评估，评估战略计划的正确性和可行性，特别是对风险点的预判、风险程度的预估、风险应对的预设，评估风险认识是否到位；继而评估人员、流程、系统等操作方面的需求、现状和改进方案，评估实施条件是否具备。另一个是战略实施评估，经过一段时期后评估战略实施与战略计划的吻合度，分析问题，改进计划，如此滚动循环。要规范战略风险管理流程，纳入风险治理体系。各行既要管理自身的战略风险，也要关注下级行的战略风险管理。

战略风险管理需要注意的地方，一是战略实施有时比战略决策更重要。战略风险管理虽然包括战略决策和战略实施，但战略实施的风险要高于战略决策，因为越是重要决策往往越要经过多方反复论证，也往往有比较明确的形势和同业参考信息，而战略实施往往是银行自身的内部问题，容易被战略决策的重要和决心所掩盖，在一定程度上被忽略。也正是由于实践中容易把战略风险等同于战略决策风险，在一定程度上忽略战略实施风险，使得一些正确的战略决策因缺乏执行能力而要在不断总结经验教训、不断坚定信心中迂回曲折地前行。二是对风险表现的认识容易混淆模糊。战略上的问题的具体体现是在执行结果上，把实际问题归入执行层面还是归入战略层面容易混淆模糊，需要有独立方的客观的、权威的分析和约束。把战略问题视为执行问题，会本末倒置，治标不治本，风险会不断发展。三是战略风险管理更为重要也容易忽略的一点是，在有意或无意之中，实际上授予了基层较多甚至较大的战略决定权。这与单笔业务管理形成强烈反差：一笔业务有严格规范的流程和授权，但关系众多业务的一项战略却可能做不到像一笔业务这样严谨，以致管理失控，只管树木不管森林更不管栽种，这是出现重大问题的一个重要原因。

组织——三道防线、授权和流程

企业要解决好分工和协作两件事，使全体人员既各归其位、各负其责，又协调统一、合力向前，通过分合并举保障企业目标顺利实现，这就要求做好组织工作。银行三道防线的建设是横向的组织工作，上下级的授权管理是纵向的组织工作，流程设计是连接横向和纵向的组织工作。

在三道防线建设方面，基本意思是业务条线要对业务风险承担直接责任，风险条线要对业务风险承担管理责任，内审条线要对业务条线和风险条线的风险管理有效性承担审计责任。三道防线设计是为了更好地预防风险，因各有侧重而构成三层防御。实践中的纠结主要有四点：第一，业务条线作为前台部门是否只应对调查工作负责即只负局部责任；第二，风险条线是否能够无条件地对业务风险负起管理责任；第三，子公司或事业部内部的第二道防线能否作为全局的第二道防线；第四，审计作为第三道防线的价值体现是什么。关于第一点，业务条线不能只负局部责任。如果业务条线只负局部责任，相当于一项业务由业务和风险条线各做一半，这时两个条线只会起到第一道防线的作用——一项业务自始至终的风险都只有一层防御，只不过是中间有换防而已。此外，如果业务条线只对局部、不对结果负责，在缺少风险约束的情况下，不利于做好前端工作，容易产生更多风险。所以，业务和风险两条线都要对业务负完整责任，前者要负直接责任，后者要负管理责任。关于第二点，风险条线虽属于第二道防线但不一定能够负起管理责任。风险条线要能够对业务风险负起管理责任，必须有相应的职能和工具，即能够指挥和控制。业务是风险载体，业务条线是业务承办者，风险条线只有在能够左右业务条线开展业务时才能负起管理责任。所以，判断全局或某一领域的第二道防线是否具备、是否有效的一个观察点是：风险条线是否有相应的或者重要的政策、制度和监督职能，是否能够左右业务条线。关于第三点，子公司或事业部内部的第二道防线不能作为全局的第二道防线。站在局部看，两道防线是健全的。但站在全局看，两道防线由一个机构身兼二职，实际上是二合一，没有在全局层面起到双重防御的作用。关于第四点，审计作为第三道防线的价值在于对前两道防线的增值作用。增值体现在，能够从前两道防线定位的目标出发，以独立的视角、权威的判断，审视其工作是否满足目标要求，以及怎样才能更好地满足目标要求，即重点关注工作的有效性。如果局限于形式合规或问题表象，与前两道防线履职交叉较多甚至融为一体，就不会起到独立防御的作用，三道防线实质上成为两道防线。

在授权管理方面，授权人、被授权人和授权事项三者都有可研究的问题。企业规模越大，授权越复杂。在授权管理中，基本理念是权责利统一，这是十分必要的，但局限于此就会产生一些问题。第一，在被授权人方面，强调权责利统一是必要的，但却是不够的。当权力较大，因思想或能力问题没有正确行使而造成较大损失时，追究责任也于事无补——损失已经发生，个人也无力弥补，导致企业与个人双输的结果。能力比思想容易考察，对被授权人除了强调权责利统一外，还要强调权能匹配——有能力使用权力。这就要求授权事项和大小要与被授权人的工作经历和表现相关联。第二，在授权人方面，由于强调了对被授权人的权责利统一，即在授权的同时也授责了，导致缺乏对授权人的约束，进而弱化对被授权人的考察，以致产生一些问题。为解决这一问题，需要解决授权人和被授权人的关系问题。授权与否及其大小由授权人决定，被授权人接受委托行使权力，所以，被授权人负有执行责任，授权人应负有最终责任。授权后不能完全免除授权人的责任，要看授权人是否严格履行了对被授权人的考察，授权是否符合规定，为此需要有一套规范的程序和标准。第三，在授权事项方面，授权是为了发挥下级的作用来解决问题，授权事项应突出下级能够更好发挥作用的领域。对规范性高、发生频率高的业务适合下放权力，对复杂性高、发生频率低的业务适合集中权力。一项新业务在开展初期不宜过度下放权力，随着规模的扩大、经验的积累逐步下放权力。

在流程设计方面，为制衡权力、控制风险而分解职能、延长流程的同时，要考虑每一环节的价值贡献，即对于前后手的增值所在。职能分解程度越高，工作就越简单规范，挑战性就越低，同时，个人对一项任务的完成率也就越低，导致个人价值贡献小成就感低，不利于个人积极性的发挥，也就不利于控制风险；流程越长，职能交叉重叠就越多，导致责任模糊，貌似多人负责实际可能无人负责，岗位贡献小价值低，也不利于控制风险。所以，流程设计要分解适度、长短适宜，使每个环节有其适当的和必要的价值。流程设计要考虑的另一个问题是业务处理和管理体制的关系。管理体制有两个部分：上下级机构之间和一个机构内部从经办到审定之间的关系。上下级机构之间体现的是显性流程，一个机构内部从经办到审定之间体现的是隐性流程，两者合并构成了一项业务要走完的实际流程。显性流程短不意味着实际流程短、效率高。显性流程涉及的问题是：业务处理的发起机构和最终审定机构之间存在中间层级时，是否需要层层处理。为明确责任、提高效率，可就部分事项，对部分中间层机构，采取越级申报同时告知的方式，为此需要事先做好规范。隐性流程涉及的问题是：业务处理的经办和审定之间存在中间层级时，是否需要单向向前。为保证质量、提高效率，可在适当层级之下采取集体研究、缩短流程的方式。总之，管理好风险需要设计好流程，要考虑岗位价值的适当和必要，兼顾责任、质量和效率，在设计显性流程的同时也要重视隐性流程。

领导——激励

管理者是通过别人来完成工作的，管理者的成功依赖于让别人成功地做事，领导的内容之一是激励下属。激励的目的是：调动下属积极性，并使其符合期待。在调动积极性方面，管理学有一个期望理论：当人们预测到通过努力可以取得既定结果、这种结果可以得到相应奖赏、这种奖赏对自己比较重要时，个人才会更加努力。在调动积极性并保证积极作为符合期待时，管理学有一个强化理论：行为是结果的函数——受到奖赏的行为最可能得到重复，奖赏越是紧随其后就越是有效，没有受到奖赏或者受到惩罚时重复的可能性就小——奖赏在起到激励作用的同时，奖赏的方向也决定了行为的方向是否符合期待。两个理论相结合，可以实现更有效的激励。

风险管理中激励同样是重要一环。不当激励主要有两种表现：一是没有激励，二是激励失当。没有激励实际上是一种负向反馈。对规定动作没有激励，久而久之就会流于形式、敷衍塞责，做工作仅是满足合规需要而已，难以保证质量达到预期目的。起码对重要的常规工作，应当有评估和反馈，有利于工作到位并经久不衰，也有利于自我反省提高政策制度的质量。对自选动作没有激励，就会对此及类似工作失去兴趣，久而久之容易形成懒于进取消极懈怠的氛围。对自选动作要从文化建设高度评估和反馈。风险管理既需要完成好规定动作，更需要积极进取、主动发现和解决问题，激励得当可以发挥杠杆作用。激励失当主要表现为重结果轻过程。风险具有滞后性，当前的风险是从前的行为造成的。激励重结果轻过程，实际上是在一定程度上漠视将来风险，鼓励短期行为。一些机构负责人往往有两条业绩线——铺自己的摊和收前任的摊，一茬接一茬，铺摊和收摊在当前都有业绩，这种思想行为与激励重结果轻过程有关。与风险管理相关的激励，既要重结果性指标即直接反映当前好坏的指标，也要重过程性指标即影响未来好坏的指标。重结果有利于全行当期目标的实现，重过程有利于全行未来目标的实现，保证可持续发展。

控制——监督与纠正

控制是监督一项行动是否按计划进行并纠正重要偏差的过程。一个有效的控制系统可以保证各项行动在方向和进度上符合组织目标。控制系统越完善，实现组织目标就越有保证。控制是管理职能的最后一环。

管理者是通过他人的工作来实现目标的，为保证工作按计划进行，就需要监督和纠正，所有的管理者都应当承担控制的职责。管理者应该授权，受权人出现执行偏差是必然的，同时，管理者也应对受权人用权承担最终责任，为使偏差不至于过大并且自己要对结果负责，就需要进行充分的控制。建立控制机制以监督下属的工作进程增加了及早发现重大问题的可能性，并能保证任务按要求完成，避免行动偏离预期。没有控制以保证及时发现问题纠正问题，授权就意味着放弃权力。仅有授权而不实施控制会招致许多麻烦，最有可能出现的问题是下属会滥用权力。一个设计优良的控制系统会使下属少犯错误，也避免滥用权力，并在重大错误来临之前能够使管理者及时警觉。管理的四个职能中控制职能易被忽视，管理者以指挥为责，执行结果在人不在己。失控是很多重要问题的管理源头。

从控制和问题的时间关系上可把控制划分为事前控制、事中控制和事后控制三个阶段。事前控制是在重要问题发生前采取预防措施，事中控制是在重要问题有萌芽迹象时及时纠偏，事后控制是在重要问题发生后举一反三亡羊补牢。风险控制三个阶段的重点是：第一，事前控制要关注下级的工作计划，保证目标和策略的正确性。总行一般性的目标和策略需要分支机构结合当地情况具体落实，总行的大方向代替不了分支机构具体行动的小方向，在发挥分支机构积极性的同时也要避免其偏离预期，通过事前把握方向避免战略性错误。事前控制的重点是分支机构的年度工作计划，包括主要业务的目标和策略。第二，事中控制要关注下级在实践中真正体现出来的具体可见的风险偏好和风险管理，保证当前行动的审慎和有效。相对于事前控制重在思想，事中控制则重在行为，从实际行动看风险。如果一个机构的实际风险偏好是审慎的，风险管理措施是有效的，那么其自身就对风险实施了良好控制，发生重要问题的可能性就低。风险偏好监督的重点是近一段时间以来新业务是怎么做的，如产品种类、投向、要素选择等。风险偏好关系未来的风险，体现了分支机构当前负责人的思想行为，控制分支机构的风险偏好是主动的风险管理，同时也便于落地。风险管理监督的重点是对全部业务在全流程是否采取了有效措施，准入把关是否严格、存续期管理是否到位、风险处置是否有力、结构优化是否有效等。风险管理关系全局，体现分支机构是否一并重视新老业务、是否兼顾微观和宏观、是否深耕细作见草就拔，控制分支机构的风险管理有利于深化管理减少隐患。第三，事后控制要关注下级的风险特点和趋势即监督风险，保证及时准确地发现问题解决问题。风险监督的重点是及时捕捉重要风险点、把握风险趋势，包括正向监督和逆向监督——正向监督从全部业务出发，从风险因素、风险敞口和风险程度等角度开展监督，逆向监督从出险业务出发，分析风险特点和趋势。风险监督从结果出发，既把握当前，更透过现象看到本质、看到趋势，及时诊断对症下药，控制风险进一步发展。进行三阶段严密控制的另一个原因是：企业追求可持续发展，既有短期利益也有长期利益，而个人则偏重短期利益，两者之间存在偏差。为让个人行为更好地兼顾企业的长短期利益，需要从计划到执行再到结果实施严密控制——以计划监督保证思想正确，以风险偏好和风险管理监督保证行为适当，以风险监督保证及时发现和解决重要风险问题。监督什么将会在很大程度上决定组织中的员工追求什么。

从形式上看，控制作为管理职能的最后一环，是从企业组织结构上、在管理者和执行者之间，为保证计划执行符合预期而由管理者监督和纠正执行者的行为，形成管理职能的闭环，即控制的目的是保证计划的执行，监督者是管理者，被监督者是执行者。实践中容易忽略的是对计划本身适宜性的监督，即管理者的自我监督。计划本身包括目标和策略都可能存在问题，管理者也需要自我监督。为此，控制工作需要有双维视野——既面向执行者监督计划的执行，也面向管理者审视发现的问题。这就是上面提到的监督工作要透过现象看到本质，也是以前提到的对问题表象要注意区分是个别问题、局部问题还是全局问题，是执行问题还是管理问题。这样，管理职能在实质上就形成了完整的闭环——从计划制订到计划落实或计划修正。

控制与风险监督的关系：两者的着眼点不同，控制是对人和机构，在上下级之间，上级对下级的思想、行为和结果是否符合计划进行监督和纠正；风险监督是对事，关注风险的发展变化，据以采取应对措施。两者在内容上有交叉，都以风险为中心，前者风险审视的视野在下级，判断的标准是计划，为管理下级实现计划服务；后者风险审视的视野在全局也包括下级，判断的标准是全局性的风险偏好，为主动管理风险服务。

第二节 专 论

风险管理需要文化支撑

随着监管加强和管理完善，风险管理文件越来越多、规定动作越来越多，形式到位越来越重要，这在一定范围和程度上容易产生重形式轻实质、有形无神的问题：一些工作相互间的内在联系被淡化，以致碎片化独立进行并且交叉重叠；一些工作的形式和目的之间的关系被淡化，以至忽略目的机械完成。而且，伴随业务规模扩大、管理权力下移，管理队伍日益庞大，自由化离散化增强，整体风险管理能力易被削弱。解决这些问题，需要加强文化建设，统一思想、凝神聚力。

行为体现思想，影响企业成员思想以至行为的共有的价值观是企业文化，保证行为质量需要建立良好文化。文化可以显性地体现，如制定行为规范，明确提倡什么、限制和禁止什么，并落实到日常工作和业绩考核中。文化也可以隐性地体现，甚至隐性比显性作用更大，如高层领导的好恶、对具体问题的处理等都会产生示范作用，做比讲更重要。主动建设会更好发挥文化引领作用，否则也会在潜移默化中自然形成。文化深入人心，实质影响思想和行为。

风险管理质量更是依赖于良好文化。风险由低到高、由暗到明是渐进变化的，相对于回报又是延后发生发展的，认识风险、管理风险需要发挥主观能动性，良好文化可以鼓励积极作为，如务实比务虚、重过程比重结果、鼓励创新比规范守旧的文化更有利于发挥主观能动性。在规定动作繁杂的情况下，工作本身容易流于形式，并以形式到位给人以实质到位的假象，同时，各项工作自扫门前雪也会导致管理效率低、投入产出差，这时更需要有良好的文化作为主宰，避免陷入被动作为、外强中干、徒有其表的泡沫境地。与此相关的一个问题是，一家没有多少人员和多少业务的小机构是否仍然需要建立像大机构一样五脏俱全的管理机制和制度，一项管理措施存在与否和存在方式应考虑其价值大小和可替代程度，建设良好文化、主要领导率先垂范可能作用更大。风险管理在鼓励积极作为的同时也需要贯彻落实好企业整体意志，统一思想并进而统一行动，这时同样需要有良好的文化做保障，尤其是在管理队伍庞大的情况下。面对庞大的管理队伍，需要有政策制度统一行动，但如在风险管理的理念、偏好、原则等方面缺乏共识约束，在上下级行之间决策和执行的权威性和严肃性上缺乏自律意识，就会导致过度自由化，随心所欲，以致企业的统一管理沦为各机构的自我管理。繁杂的文件和庞大的队伍都需要有文化作为内核来支撑和统领，表里兼顾相得益彰可以更好推进风险管理。

风险管理需要兼顾形式到位和实质到位、鼓励积极作为和落实统一意志。通过主动建设良好文化，抓思想促行动保结果，可以更好擎起风险管理大厦。应把文化建设纳入公司治理体系，置于最高层的显性建设和充分控制之下，贯彻落实到经营管理的方方面面。

各类风险能否并列管理

各类风险管理力度应依其相互关联性和自身影响性而区别对待。上游风险、内生风险、影响恶劣风险应得到更高重视。

在各类风险中，战略风险起到龙头作用，信用、市场、流动性等风险从总体看在一定程度上是战略选择的结果，是战略风险的继发或衍生风险。大力拓展小微客户相比于大力拓展大中型客户，信用风险要高。战略是源头，对战略风险要有全面认识（自身及连带风险）和高层次管理。集中度风险和组合风险（两者有交叉）属于内生风险，即风险因素主要在自身，配合外部风险因素起作用——当外部风险因素低时起到正向作用，能够降低成本提高效率为全行经营锦上添花；当外部风险因素高时起到负向作用，塌方式爆发风险为全行经营雪上加霜——控制好可以冲抵部分外部风险因素影响，控制不好会起到反向作用。这两类风险诱惑性强，双向作用都很大，出现问题后又有信用风险等其他风险兜底，应格外加强管理，不被暂时利益诱惑和蒙蔽，为了长期利益需要适当割舍短期利益。简单错误、幼稚问题产生的风险事件容易引发广泛热议，以现象看本质严重影响声誉，如违背基本理念和常识开展业务、产品或系统设计有漏洞被诈骗、习惯性违规操作发生制度外风险等。对这些影响恶劣的风险要加强管理，要有逆向情景分析的思想和实践。

　　各类风险多从直接风险因素或风险结果上定义，管理各类风险既需要深入剖析每类风险的直接因素和间接因素，也需要认识清楚各类风险之间的连带关系和影响程度，保证管理措施能够对症下药、药力相称。

线上业务的主要风险在哪里

本书所说线上业务是指自动化审查审批的信贷业务，主要包括个人和小微企业的一部分信用卡、消费和经营贷款。

线上业务的一个特点是，在传统的显性管理要素如政策、产品、担保等各项规定以外，又设计了审查审批的具体标准、业务办理的具体方式以及显性规定的具体掌握标准，把现有显性规定和自行设计标准集成在一个业务模式中，通过线上自动化的方式实现模式开展业务，即基本脉络是"模式设计—系统实现—业务开展"。因此，此类业务风险不能仅从客户端和显性的政策制度端审视，模式的自行设计成分也是一个重要风险点，模式可以看作是由既有规定和补充设计组成的内部风险尤其是策略风险的集成。

模式设计是线上业务风险的主要根源。从模式自身看，模式包括怎样选客户、怎样做业务、怎样管理存续期风险，集中囊括业务开展的顶层设计和底层逻辑。线上业务与线下业务的共同点是都有政策制度规定在先，区别是线上业务还要把线下业务由人工把关灵活掌握的部分再做具体化，这就使线上业务具有标准统一、具体明确、符合即办、无另外补充的特点，而线下业务基本是原则统一、底线规定、符合规定的可办可不办、一般都有另外补充的特点；线上业务具有高度集权、标准化用权的特点，线下业务具有权力分散、灵活用权、多方合成的特点。因此，线上业务模式对业务开展起到了决定性作用，是结果的基因。从风险起因看，线上业务的两类主要具体风险即信用风险和欺诈风险虽都来自于客户，但同时都与银行自身怎样选客户、怎样做业务、怎样管理存续期风险的策略有关，这些都包含在模式设计之中。例如，年龄小、信息少、质量差的客户的风险较高，每月还本付息、有效监控现金流、到期还本的风险隐患较小。从管理流程看，风险识别和评估主要取决于信息质量、模型设计质量和模型开发质量，风险控制主要取决于模型应用策略、业务办理方式和存续期管理方式，除模型开发质量外，其他都属于模式设计内容。所以，线上业务不只是模型风险，更重要的是集成性的模式风险。

模式风险是系统性风险。相较于线下业务，线上业务按预设模式自动化办理没有人为补充，这种高度统一决定了模式风险的系统性特征，系统性风险是线上业务的一个主要风险特征。事前保证模式设计质量，事中保证及时发现、暴露和处置风险并举一反三、见微知著才可有效防控系统性风险，保持平稳发展，避免日积月累集中爆发。

为有效防控线上业务风险，须将业务模式作为一个单独管理对象纳入第二道防线。模式初始设计时要有较多专家参与，充分吸取线下经验教训，充分体现业务实质，保证线上化不仅是具体操作的线上化更是经验智慧的线上化，是传统与现代的集成。模式最终审批时要比照贷款纳入贷款审批机制中。为防控系统性风险，可把规模较大的场景拆分成子场景进行细分管理，并密切关注业务风险特征，及时发现和解决模式设计中存在的不足。

风险管理的分与合

分与合是研究风险、管理风险的两个方向，前面"风险构成"部分从多种角度对风险进行了细分，风险管理需要分合并举。

分与合的关系：对立的一面——分是为了突出针对性，看得更专业、更深入，合是为了突出全局性，看得更广阔、更全面；统一的一面——分是深化，是合的基础，合是提升，是分的发展，都是为了更好地观察问题解决问题，有分才有合。只有两者协调起来、有分有合才能更好地体现分与合的价值。分相对容易做到——专业精神加组织意识就产生了分，分后就有了岗位、视野和政治局限，合就比较困难。合的困难有两个方面：一是物理整合面临的局部配合问题，二是在物理整合后能否产生化学反应体现合的价值——合的价值不在物理整合的简单汇总上，而是在物理整合后能够站在全局高度对风险认识和风险应对有新的提升，对局部工作有推进，对全局工作有掌控。有分无合或分强合弱会导致各自为政、一盘散沙，始于加强管理、毁于用力不均顾首不顾尾。

合的方面的风险管理有两类，自上而下的和自下而上的风险管理。自上而下的风险管理主要针对重要宏观风险因素，首先站在全局的高度审视其对全行整体经营管理的影响，以及重点影响部位，提出总体应对意见，再安排局部做具体评估和细化落实，最后上下结合、合并形成全行系统性的应对方案。宏观风险因素包括国家重要政策出台、经济环境的重要变化等。这样做的好处是，对重要风险因素首先能有权威性的和全局性的分析指导，避免局部分析的重复性、低质量和本位主义，保证分析和应对的效率和效果。自下而上的风险管理主要针对相互关联的风险敞口和风险类型，在发挥分别管理的专业优势的同时，能够见微知著、举一反三，根据局部发现及时研究全局问题。比如市场风险对风险信息的敏感度比较高，可以为信用风险管理提供帮助；信用风险预测有一定的前瞻性，也可以为市场风险管理提供帮助。再如信用卡和消费贷款等关联业务之间、上下游行业之间以及不同机构的同种业务之间等都具有一定的风险相关性，应从局部看全局管全局。这样做的好处是，在发挥专业和机构分别管理的优势的基础上统揽全局，可以及时发现重要风险，提高管理效率和效果。

实现合的风险管理需要有良好的机制做保障，有组织负责、有流程规定、最重要的是有高层次权威人士亲力亲为，可以在行长或首席风险官或总行风险管理委员会下设专家工作组，必要时聘请外部专家学者。如果仅按自下而上的行政流程，容易形成以物理汇总的混合物为主，有形无神、有工无效，很难实现合的增值作用，结果是形式上有、但实质上没有合的风险管理。

全面风险管理重在"全"吗

全面风险管理自从在国内被提起之时，就以"全面"两字为主导，不断阐释风险、人员、机构、流程等各种视角下的"全面"，同时也包括一些统辖全局的基础建设。在初期对推进风险管理发挥了重要作用，对风险的全面性、对三道防线特别是第一道防线的履职责任、对基础管理有了进一步重视和提高。在这些问题基本解决后其作用下降，需要升级发展。

全面风险管理在引入时的一个不足之处是，没有将其内含的一个核心要义充分体现出来。其在阐释一般风险管理的同时，内含的一个核心要义是从企业整体的视角审视和应对风险，提高管理的效率和效果。具体有两个方面，一个是从外部风险因素的角度，分析一个因素对企业整体及其各方面的影响，进而提出统揽全局的系统性应对措施。比如房地产市场不景气会对企业的整体经营、各项业务、各个行业等有何影响，相应研究提出全面应对策略，可以看作是一种自上而下的风险管理。另一个是从内部风险应对主体的角度，由于分别管理会产生风险信息不畅通、步调不一致或重复应对等问题，这就需要有整合机制来弥补，使各管理主体都能对风险进行及时和适度的应对，可以看作是一种自下而上的风险管理。上面两种情况可分别概括为"整体"和"整合"的风险管理，机构越大其必要性也越大，属于常态化的日常管理工作，是从"生产"的角度、提升管理效能所需要的。全面风险管理在引入时的另一个不足之处是，没有将其思想逻辑充分体现出来。其阐释一般风险管理的思想逻辑是从目标出发又回到目标——从目标出发识别风险、管理风险进而支持目标实现。价值有三点：一是对风险概念有了统一和简明的认识；二是把战略目标包含在内推进了对战略风险的重视；三是把风险和企业中心任务融为一体突出了风险管理的定位和作用。在发展压力和风险压力较大的情况下，风险管理的职能定位需要适应形势相应提升，既要管理风险，也要支持发展，风险管理应发挥更大作用，需要高度重视"目标"在风险管理中的价值。与上面两点相对照，"全面"虽重要但不属高层次问题："全面"的对立面是"不全面"，"不全面"意味着应管未管，不是一个高层次问题，应立即拾遗补阙予以纠正。"全面"虽不属高层次问题，却是一个具有挑战性的、需要重视的问题，原因有二：一是在认识上做到"全"有一定难度，往往是在机构和业务层面认识不到存在的各种风险，以及在风险条线层面认识不到具体风险在全局对应的各种风险敞口，即管业务的可能认识不到业务所有的各种风险，管风险的可能认识不到一些有风险的业务；二是在行动上做到"全"也有一定难度，即使认识到具体风险的存在，往往是对与近期利益相关性低的风险不够重视疏于管理，着力解决过去埋下的长期风险在当前的显现即现实风险。因此，风险管理实现"全面"也有一定困难，需要提高思想认识，完善管理机制，自上而下组织推进，并在考核上充分体现。

　　全面风险管理应有的核心要义和思想逻辑体现了风险管理职能的更高要求，也是风险管理更好应对在规模较大下管理细化产生的负面性问题和在企业面临发展和风控双重压力下如何更好发挥作用问题的路径选择，应作为全面风险管理升级发展的主要内容。升级后可考虑把"全面风险管理"改为"风险管理指引"或"风险管理基本要求"，回归风险管理本源、提升风险管理价值。

第三节 小 结

风险管理要关注人抓好管理主体

风险是风险管理的对象，人是风险管理的主体，同时也是风险来源之一，风险管理在关注风险的同时也要关注人的因素，从对事的重视延伸到对人的重视，保证风险管理主体正确履职，推进风险管理升级发展。

随着任务复杂性提高、风险压力加大、同业竞争加剧等内外挑战上升，银行需要及时和有效的反映，对风险管理者提出了更高要求，既要重视发挥主观能动性，又要保证走在正确道路上。对人的关注主要包括思想、能力、行为和结果四个方面，涉及计划、组织、领导和控制即管理学的各要素。以下级行主要负责人为例，思想的一个可见载体是年度工作计划，通过审阅其是否符合全局计划以及是否适宜和可行可以具体管理战略风险；能力可以通过专业背景、工作履历和工作表现来评估，要有年度评估结果，授权要与能力相协调；行为可以通过审视近一段时期的新贷款发放和存量贷款管理来评价，要定期监控，通过监控实际的风险偏好和风险管理保证行为适当；对结果的关注可通过定期监督风险的各种表现及时发现问题，追根溯源解决问题，综合上述四个方面实现对人的全面关注和对风险管理的全面把控。从管理学的角度看，在管理行为上重视"人"的因素尤其是风险管理主要负责人，发挥积极性的同时避免负面情况，有利于更好实现管理目标——通过抓下级计划实现全局的思想统一和计划管理，抓能力评价做好授权实现人员和工作的协调组织，抓行为和结果监控实现高效领导和控制。

重大风险的产生在主观上主要有两种情况，一是志大才疏、事与愿违，二是居心不良、营私舞弊。换个角度看，往往都是管理失控的结果，前者在美好愿景和雄心壮志下容易造成更大风险。需要对风险管理主要负责人从思想、能力、行为和结果各角度进行监督、评价并及时纠偏，可以借助数字化手段更好地实现。把管理学深入运用到风险管理中，从专业角度提高对人的因素的重视，可以更好开展风险管理。

第三章 价值维度：
企业目标与风险管理

第一节 概 论

企业目标

  企业追求可持续发展，目标包括发展目标和保证发展可持续的风险目标。两类目标的主要考虑，一是外部利益相关者，包括政府、监管、股东、竞争者、社会大众等；二是内部文化，包括对发展和风险、近期和远期的态度等。两类目标同等重要，都是对内外统筹平衡的结果，但会根据内外情况变化有所倾斜，风险管理深度决定了企业发展可持续的程度。两类目标又是相互依存的，发展带来了风险，风险伴随着发展，如影随形，需处理好两者的关系，这在前面"计划"部分已经讲过。目标对各项工作具有旗帜性作用，应仔细审视目标的实际导向是否符合预期，避免偏离主观意愿。

  风险目标有一定复杂性。目标的依托是指标，相比发展指标，风险指标比较宽泛，这是由风险特点决定的，同时也为风险目标的选择、风险管理的深浅提供了空间，风险管理工作随着实际重视程度的变化而变化。风险特点是其不确定性，风险程度由低到高、由隐性到显性需要用多种指标来刻画，而且，一些指标往往还同时包含客观风险和主观行为，这就为风险管理目标制定和实际工作开展带来了选择空间。风险管理工作可以偏重当前，也可以远近兼顾；可以是问题导向、任务导向，也可以再加上专业导向。企业文化、风险目标和风险管理工作构成了由神到形、由隐到显的三层结构，风险目标起到承上启下的枢纽作用。

　　既然目标起到旗帜性作用，目标的适宜性即是否起到期待的旗帜性作用就十分重要。适宜性包括两个方面：指标的健全性和数值的合理性。前面讲到风险指标相对于发展指标有特殊性，这里只讨论风险指标。适宜性是相对的，这里是指风险目标相对于企业可持续发展需要的适宜性。指标的健全性是指，为保证企业可持续发展，指标体系是否符合风险管理的本质需要或专业需要，即在基本框架体系上是否体现了风险管理工作的健全性，起到统率风险管理工作全局的作用，如是否兼顾了长远期、显隐性、严重度等。指标缺陷会加剧工作缺陷。风险具有滞后性，经营管理容易倾向短期化，如再缺少长期风险目标，情况会更严重——经营方面急功近利以速度求业绩，管理方面趋向于重当前、治已病，像客户和板块的长期风险、战略风险、集中度风险、组合风险等关系长远的风险问题更难得到应有重视。数值的合理性是指，在考虑外部利益相关者和内部文化的基础上，是否根据风险特点和管理需要掌握力度。一些指标数值有监管规定，距离自身实际或近或远，远的不代表有"闲置资源"或"自由空间"可以不加管理或不加严格管理；一些指标数值为避免中途调整的繁复流程而预留较大空间，既失去意义也容易造成误解。数值代表期望结果，为发挥作用达到目的也需要把握适度。为保证风险管理工作对企业发展可持续的应有作用，应注意风险目标的适宜性。

　　企业目标对各项工作具有统领作用，要设定好风险目标，指引好风险管理工作。短期目标容易量化，长期目标可以定性表述，目标体系应提纲挈领、远近兼顾。

风险管理定位

在思想上，风险管理要兼顾政治性和专业性。政治性是指，风险管理作为全行的职能之一要服从大局，包括无形的文化、有形的目标和基本要求等，着眼全局把握局部。专业性是指，风险管理在思想、方法、技术等方面要体现专业特点、贡献专业价值、保证专业地位，实现存在价值。两者结合，胸怀大局、融入大局但不失自我。

在功能上，以贷款为例，按全局观程度，产品部门对风险管理有三种定位：信用风险管理、贷款风险管理和贷款管理。信用风险管理是从具体风险类别的角度，重点管理信用风险；贷款风险管理是从一般风险的角度，管理其涉及的各种风险，包括信用风险、操作风险以及战略风险、集中度风险和组合风险等；贷款管理是从产品的角度，实行全面管理，不仅包括风险管理，也包括经营管理，即统筹兼顾风险和发展的管理。三种功能定位体现了全局观的不同程度，应该选择哪种，需要根据全行工作需要来定，审时度势、因时而异。在发展压力较小时，可选择第一种或第二种定位；在发展压力较大时，应选择第三种定位。这种方向定位是对形势的反映、对全行发展的响应，工作定位还会受到前面讲的企业文化和企业目标的影响。

在行动上，按实现目标的方式，风险管理有两种定位：防守和进攻。防守型的特点是规则导向，定好规则，恪守规则，根据业务条线意见、实际风险变化和监管政策被动调整规则。进攻型的特点是实践导向，关注形势研究实践，主动调整规则，工作超前，进退自主。风险管理的以下两个特点，决定了进攻型比防守型更有利，无论是对风险管理还是对业务发展，这两个特点是：第一，业务条线和风险条线重心有差别、意见有分歧是常态，如果风险条线不能积极主动作为，进退有据，让业务条线更好地接受，就会不断地受到攻击，甚至以个案否定整体、以局部否定全局，久而久之，管理的权威性和严肃性消失，全行会趋向诸侯割据、各自为政、一盘散沙；第二，风险是变化的、模糊的，能看清的风险基本已经病入膏肓，风险管理只有时刻保持警醒、不断扫描透视才能及时发现苗头性问题，在萌芽状态、在发生发展的初期或早期采取措施才会有效。风险管理应积极主动作为，或者发现风险隐患或者发现市场机会，主动掌握进退，引领思想和行动，将会提高管理的权威性和严肃性，进而提高管理效果。

风险管理从行动到产出的恰当定位是政治性和专业性的综合体现，也是风险管理在风急浪高中行稳致远的保证。

风险管理对企业目标的贡献

实现目标会有风险，风险管理对实现目标能起到什么作用？有效的风险管理就能保证实现目标吗？

首先，风险管理有助于企业实现目标。从基本内容来看，风险管理是风险和管理的结合，风险源于期望，风险认识始于企业目标，充分认识实现目标面临的负面影响；管理以企业目标为中心，涵盖从目标设定到目标实现的全过程；风险管理就是管理风险实现目标的行动，有助于企业实现目标。从实际功能来看，任何企业都会在追求利润的过程中承担一定风险，充分认识风险和风险承受能力并进而努力把风险控制在合理范围内，是企业实现当前发展和未来可持续的保证，风险管理服务于企业可持续发展，有助于企业实现目标。

其次，风险管理不能保证企业实现目标。原因是：

第一，风险基本不会被消灭，因为消灭风险近似于消灭业务，也就谈不上目标了。风险源于期望。市场交易是相互满足需要，企业通过满足客户的需要来实现自己的需要，信用风险就是由相互满足的时间错位带来的期望落空——银行即时满足客户需要，客户延时满足银行需要，延时之后能否履约就是客户风险。与客户交易没有时间错位、不对客户抱有期望但对市场价格走势抱有期望时就产生了市场风险。消灭客户风险有两个着眼点：一个是客户自身没有风险，如购买国库券；另一个是风险缓释工具没有风险，如要求100%保证金，能这样做的业务没多少。另外，风险是收益的重要来源，收益是承担风险的回报，在自主定价的情况下风险高收益也高，企业为追求利润需要承担一定风险。市场风险也一样，风险高的业务收益也高，转移风险要付出代价降低收益。企业要取得股东认可，就要靠主动管理风险、适度承担风险以开展业务实现利润，没风险也就没业务没利润。因为风险不会被消灭，可以在一定程度上控制，所以风险管理有助于但不能保证实现目标。

第二，风险管理要服务于企业发展大局，发展战略决定了基础风险的大小，良好的风险管理也只能是及时发现、适当控制、充分反映风险，不能保证实现目标。一是部分战略在先或优先，风险管理在后或从属，有时风险管理不能实质左右战略风险。二是内外风险因素复杂多变，相应地，风险结果也会随之变化，不能完全预见和掌控。风险管理对企业内部风险不能完全左右，对企业外部风险不能完全掌控，也就不能保证企业实现目标，重在及时发现、适当控制、充分反映。

风险管理有助于但不能保证企业实现目标，这一观点的实践意义：一是应充分发挥风险管理的作用，更好促进企业实现目标；二是应审慎评价风险管理的有效性，把过程和结果相结合；三是风险管理也应主动发挥更大作用，找好定位、积极行动、创造价值。

第二节 专 论

如何理解和实现风险管理的独立性

风险管理独立性是指风险管理不受干预自主决策。其目的，从横向上即机构内部看是使风险条线和业务条线不仅在组织形式上、更要在实际作用发挥上构成两道防线，从纵向上即上下级看是使风险管理工作能够上下贯通不会变形走样。既有因过于独立而被孤立甚至自毁长城的，也有因独立不够而履职不到位甚至遗患较大的。

风险的复杂性、风险管理和业务发展关系的复杂性决定了风险管理的复杂性。把握独立性需要从企业整体和专业自身两个角度周全考虑。首先，大局观是第一位的，企业的任何一项职能、任何一个机构都是为实现企业整体目标而设立的，存在的价值在于贡献整体。其次，风险管理职能本身需要独立性，有独立性才能充分识别和管理风险，才有构成双重防御的第二道防线，才有可能制约短期行为保障长期可持续发展。最后，从两者的结合上，风险管理没有自我或过于自我都会影响大局，企业追求利润需要承担一定风险，风险控制失当的代价或是影响当前发展或是影响未来发展，都以影响企业发展为代价。综上，企业需要重视风险管理，保证其独立性，同时，风险管理也需要以企业大局为重，适当把握独立性，做到相对和适度。

实现相对和适度的独立性，需要从源头上把握。认识企业文化、真正的风险偏好、发展战略等，制定正确的风险管理原则和策略，凝聚高层共识统一全行思想。在服务企业大局的基础上做好专业工作，融服务和管理于一体，以贡献保独立，以进攻求独立。

银行"新三性原则"

（一）当前银行业缺乏适应新时代的新旗帜

传统"三性原则"即安全性、流动性、效益性多年来深入人心，《商业银行法》的表述是"商业银行以安全性、流动性、效益性为经营原则"，但已不能很好适应新时代的新特点。

新时代的新特点主要有：政治要求高，风险和利润压力大，在业务快速发展和规模巨大的双重压力下一些工作很难扎实有效。传统"三性原则"难以很好适应这些特点，落后于新时代的新要求、新挑战。

（二）指导银行经营管理的"新三性原则"

把政治性、商业性、专业性作为"新三性原则"，似可在一定程度上统领全行、适应时代、回应各方关切。

政治性主要指发展方向，重在落实中央和监管要求，服务实体经济；商业性主要指发展结果，重在风险可控、收益适当，保证可持续发展；专业性主要指发展过程，重在以依法合规、扎实有效、守正创新的工作更好地落实政治要求、更好地保证商业可持续，是政治性和商业性的工作基础和内在支撑。

三者之间的关系：政治性管方向，商业性管结果，专业性管过程；较高的政治要求和较大的商业压力，都需要有较强的专业能力。

（三）"新三性原则"与"旧三性原则"的关系

"新三性原则"中的商业性，包括了全部"旧三性原则"，而且范围更宽。"旧三性原则"中的安全性和流动性主要指信用风险和流动性风险，在"新三性原则"中扩展为各类风险纳入商业性之中。

"新三性原则"在以商业性涵盖"旧三性原则"之外，增加了政治性和专业性。政治性是时代特色，专业性是为更好地落实政治要求、更好地保证商业可持续必须强调的。缺乏专业性会导致机械地落实政治要求，也难以保证商业结果，新时代需要更高的专业性，建设中国特色世界一流金融企业、建设金融强国需要更高的专业性。

第三节 小 结

风险管理要顾大局创造管理价值

企业目标对包括风险管理在内的各项工作具有统领作用，风险管理要服务大局，支持企业目标实现创造管理价值。为此，既需要设定好风险目标，指引好风险管理工作方向，也需要风险管理工作正确把握定位，避免极左和极右以至回避责任，偏离企业需要。

风险管理从大局出发把握定位创造价值，需要统筹兼顾两个问题，一是风险和发展，通过挖掘有效市场指明前进道路实现控风险和求发展的统一。风险管理仅关注"不可为"容易，延伸关注"可为"难——"可为"的有效意义体现在市场空间足够容纳发展、市场边界能够恰当控制风险即求发展和控风险的统一上，仅指出方向不够，有意义的方向需要有足够的空间或容量支撑——风险管理的大局观和更大价值就体现在"可为"上。二是原则性和灵活性，通过把握企业文化、实质风险偏好和发展战略保证原则性，在原则性指导下灵活处理具体问题，把握好变与不变。掌握好原则性和灵活性，避免发展和风控偏离企业的"基调"以致发展失序风控失位，同时及时和有效回应新情况新问题，风险管理可以更好地服务大局创造价值。为凝聚共识促成合力，需要明确最高层级的、求真务实的、相对稳定的基本原则，从上到下认真遵守，体现企业的整体性和标识性。

局部价值在于贡献整体，风险管理立足局部着眼全局，随企业动态向前，为企业可持续发展作出贡献，才能更好发挥作用创造价值。

第四章 框架体系总结

第一节 概 论

框架解析

本书框架体系包括三根支柱：对象、行为和价值。深入认识管理对象、全面把握管理行为是管理基础，创造管理价值是管理意义和目的。

本框架体系的优点之一是三根支柱各有独立价值和丰富内涵。对象维度是把风险本身作为一个维度，突出专业，要求对风险认识更深入，包括风险因素、风险敞口和风险结果三要素的角度，也包括风险识别、评估、应对和监督依次关联的角度。行为维度是把管理职能作为一个维度，突出方法，引入管理学的基本内容，从计划、组织、领导和控制方面开展管理工作，要求对管理本身认识更深入，开辟了风险管理的新视野。价值维度是把管理目的作为一个维度，突出方向，从全局出发考虑职能定位，在附庸附和与独立自我两极之间找到平衡点，实现支持发展和控制风险的恰当结合，通过服务大局创造价值更好发挥作用。本框架体系的优点之二是三根支柱在组成结构上有跨度有层次：一是把风险范畴和管理范畴进行了区分，有助于对两者分别进行专业研究和实际运用，拓宽了认识视野打开了发展空间；二是把基本行动和行动目的进行了区分，有助于分别处理好技术方法问题和目标方向问题，使风险管理更好发挥作用。本框架没有写信息以及科技，两者属于支持保障范畴，已经广为重视并与时俱进。本框架把文化、偏好、战略等企业经营管理的背景或基础内容融入到"管理"和"价值"两个维度的具体内容中。本框架有助于从内在需要而不是形式要素角度理解和开展风险管理工作。

本书参考了COSO的《企业风险管理——整合框架》（以下简称COSO框架），但主要是从实践感悟的角度揭示风险管理的核心内容，反映了对风险的认识、管理的认识和风险管理地位变化的认识，形成了两个轮子（对象—风险、行为—管理）、一个导航（价值—方向）的新框架。COSO框架的优点是从目标出发定义风险、管理风险以实现目标，从目标出发回到目标，与企业经营管理融为一体，逻辑性强，相应的不足是对目标包含的综合性风险进行专业化管理难。COSO框架的缺点是没有对管理对象即风险本身做深入解析，虽有关于风险识别的一般性指导，但如对风险缺乏专业认识、视野狭隘也会视而不见，管理落空。对上述问题的弥补，一是把管理对象即风险本身单列出来作为一个基本维度，增进认识；二是借鉴目标管理的精髓补充发展专业管理的职能定位即价值创造，在突出专业性的同时也强调目的性。本书吸收了上述认识。

第二节　专　论

抓目标带全局

推进风险管理可以从风险认识、管理行为和工作定位三个方面入手，突出重点问题，也可以从目标入手，突出全面性系统性。

从具体工作单元到一个板块或条线再到企业全局，按照风险类别和职能层级建立起风险管理目标树，有利于全面系统地推进风险管理。制定风险管理目标，需要反映企业文化、风险偏好、战略和经营目标，需要统筹发展和安全，需要权衡必要性和可行性并有配套措施。

目标树提供了一个操作层面推进工作、管理层面督导工作的龙头性工具。对照目标树可以更有针对性地认识风险和应对风险，工作更聚焦，目标实现更有保障。对照目标树可以发现：在思想上风险认识是否清楚、管理力度是否适当、全局意识是否到位，在行动上工作安排是否匹配、各项目标是否有望实现，这也是对风险管理有效性的评价。

加强目标管理，有利于解决风险管理的短期行为和行为失当。风险具有滞后性，日常经营管理往往重当前轻长远、重治疗轻预防，一些长期风险问题如果没有被明确提出就更容易被忽视，加强目标管理有利于把这些问题重视起来。风险管理工作定位具有一定选择空间，可左可右，

85

加强目标管理有利于恰当管理风险并更好服务企业大局。

抓目标带全局，需要有相应的目标管理机制做保障，保证目标制定能够统筹兼顾局部和整体、长期和短期，目标和相关工作安排能够紧密衔接、浑然一体。

第三节　小　结

应着力推进风险管理一体化

一、什么是风险管理一体化

风险管理一体化是指，为更好实现风险管理的效能，风险管理的各组成部分之间需要紧密衔接、联合行动。随着规模的扩大、形势的复杂、技术的发展以及思想的进步，风险管理如其他管理一样，往往在各局部用力较多，相关部分跟进不够，致使整体运行效能提升缓慢。风险管理在局部分散用力的同时，也需要着力加强一体化管理，包括上下级机构之间，目标、政策和操作之间，以及业务流程各环节之间，等等，凡存在需要联合行动才能保障整体运行效能的局部之间，都需要关注一体化问题。全面风险管理在一体化管理上有所进步，但针对性不够。

二、风险管理一体化的几个实践问题

（一）上下级机构之间的一体化

下级机构的活动是企业整体活动的组成部分，无论是分行还是子公司。下级机构的重要活动经过上级审定，全部活动纳入上级监督，才可能保证上下一致，结果符合预期。发挥下级机构的自主性、灵活性是必要的，但也应当是有条件的———一是重要性，涉及其发展的大政方针问题，如经营规划、年度策略等，对其自身和上级机构都有重要

影响，需要上级审定；二是可靠性，对于管理成熟、下级机构自主执行可兼顾控制风险和提高效率的活动，应授权给下级机构。忽略了重要性原则，下级机构自主经营权过大，容易出现乱作为、不作为等失控问题，酿成大患。忽略了可靠性原则，上级机构管了不该管的、放了不该放的，无益于提高工作效能。上级机构从掌控全局出发，做好上下分工，做好管理与监督，才能保障上下一体，让结果符合预期。需要说明的是，监督是管理的一个手段，管理清楚，监督才能到位。

（二）目标、政策和操作之间的一体化

政策是开展业务和管理风险的指挥棒，但政策不一定和具体目标挂钩，也不一定和具体操作挂钩，形成目标、政策、操作三者之间的若即若离——虽有一定的联系，但主要还是各唱各的戏。以信用风险管理举例，贷款质量目标和信贷政策之间往往联系不大，信贷政策虽然着眼于风险管理，但并不受限于贷款质量目标。这就带来一个问题，即实现贷款质量目标的被动性——贷款劣变被动接受，管理贷款质量主要靠核销资源和其他风险化解手段，即主要靠贷款全流程后半段的被动处置，不能事先在相当程度上掌控劣变。如果信贷政策能与贷款质量目标挂钩，根据质量目标、增量计划以及存量劣变和处置预测来掌控新发放贷款的风控标准，就可在一定程度上由新发放贷款影响整体贷款劣变，经过一段时期后对全部贷款的劣变都有了一定的事先掌控，实现贷款质量目标就有了更大的主动性和可控度。信贷政策和具体业务操作之间的联系也不够紧密，

信贷政策虽然着眼于业务开展和风险管理，但往往是指出优劣方向和划出较低的准入底线，为具体业务操作留下了广阔空间。这就带来一个问题，由于信贷业务不同于购买股票和债券，主要是个案处理不是集中选择，个案操作的高度自由会导致个案汇总后的宏观结果失控，也即信贷政策对新发放贷款的质量影响有限。如果信贷政策能与具体业务操作更紧密地联系，根据贷款质量目标和信贷政策确定新发放贷款的更具体的掌握标准，对重点领域形成一套更接地气的贷款决策指南，不仅使贷款决策标准更加统一可控，而且有利于实现微观和宏观、当前和将来的协调。

（三）业务流程各环节之间的一体化

风险识别、评估和应对三者之间需要加强一体化。在风险识别之后风险评估必须跟进，以进一步认识风险发生可能性大小和发生后影响大小，进而才能决定是否可以接受，接受后是否需要采取预防或缓释措施，即风险识别、评估和应对之间应当依次递进、逻辑清晰。否则，泛谈风险没有意义，没有评估作为桥梁风险应对也缺少合理性。风险识别是风险认识的起点，风险评估是风险认识的深化，同时也是风险应对的基础。缺少风险评估，形式上泛泛而谈、草木皆兵，貌似周到细致，实质上浮于表面、简单罗列，重表象轻实质、重现状轻趋势、重局部轻整体，而且还会产生两个结果，一是可能模糊重要问题，大小无异，二是可能削弱决策逻辑，左右都行。如果有风险评估在风险识别和风险决策之间搭起桥梁，风险认识会更清楚更深入，风险应对会更有质量和逻辑性，贷款质量也才会更有保障。此外。在客户评级、授信、贷款调查、风险分类、贷后检查等环节也需要加强一体化管理，减少浪费提高效能。

（四）一二道防线之间的一体化

一二道防线之间的一体化是指政策的思想指导和业务的实践落实之间的衔接，两者需要一体推进。实践中，两者之间的关系常常影响合力的形成并进而影响目标的实现，或者各说各话各干各活，或者一方屈从软弱无力。政策指导和业务实践天生具有不协调的一面，政策指导偏重宏观和方向，业务实践主要是微观和现实，但同时，宏观又是微观累积的结果，这就需要处理好宏观指导和微观实践的关系。首先，在源头上，政策要兼顾市场和风险，能够支撑企业发展目标，保证权威性，进而从二线进入到一线的头脑中；其次，比较宏观的政策应进一步细化分解，便于实践落实；最后，要加强文化建设，处理好原则性和灵活性的关系。

三、如何推进风险管理一体化

一体化风险管理是要处理好关联衔接，保障整体运行效能，是立足全局看局部，立足结果看过程，对局部风险管理进行再管理。不同于局部风险管理可以自下而上地自发进行，一体化风险管理需要自上而下地开展。正因如此，一体化风险管理对上级特别是总部机构提出了较高要求，如全局意识、责任意识和担当意识、权威性和严肃性等。

下篇

风险管理概要

下篇

风险审计理论与实务

引 言

　　本部分初稿完成于 2015 年，是在学习借鉴 COSO 的《企业风险管理——整合框架》及巴塞尔委员会相关文献的基础上，并结合自己实践体会创新发展形成的。其时，国际银行业尤其是欧美发达国家银行业经历了 2007 年以来的金融危机的洗礼，开始了痛中思痛、自我救治与监管整治双管齐下的康复之路。同样，中国银行业也在经受国际金融危机和国内经济转型发展的相继冲击，风险压力加大，风险应对加强。本书从运行操作的角度，把风险管理体系梳理建构成一个四元框架——主体、对象、目标和要素，风险管理就是"主体"使用"要素"、管理"对象"、实现"目标"的行为，审视和建设风险管理需要从主体、对象、目标和要素四个维度进行。本书试图从正本清源的角度展现风险管理的完整面貌，解剖关键环节，反思现实问题，探索实际运用，为治"已病"防"未病"提供参考。近日重读此稿感觉尚可，敝帚自珍做些修改。在修改过程中，注意到了 COSO 的《企业风险管理——整合框架》等文献的最新修改情况。

第一章　定位——存在价值

关注问题：风险管理存在的普遍性和地位的不确定性。

第一节　概　述

一、风险管理的存在价值

企业在为其使命而奋斗的过程中需要制定一系列目标：从使命出发制定战略目标，选定战略，作为长期经营管理的大政方针；从战略目标和选定战略出发制定各项具体目标和措施，作为日常经营管理的具体计划。目标实现的负面不确定性就是风险，贯穿于从目标制定、战略/策略选择到具体实施的全过程。在风险依存于目标而存在的同时，每个企业对风险的承受能力又都是有限的——财务资源是有限的，高层管理者的目标期望是有限的，利益相关方的容忍度是有限的——这就需要管理风险，将其控制在风险容量之内（风险容量是一个主体在追求价值的过程中所愿意承受的广泛意义上的风险数量，采用定性或定量的方式表达），并尽量保证目标的实现。风险的普遍性、承受能力的有限性和追求企业使命的连续性，决定了风险管理存在的意义。

风险与目标相伴，风险管理应用于从目标制定到实现的全过程。对目标制定的作用在于确保目标与风险容量相协调，即目标的适度性。不协调会导致不能承受足够的风险以便实现更好的目标，即过于保守；或者相反，为实现宏大目标而承受了太多的风险，即过于激进。"有效的企业风险管理并不是指明管理当局应该选择什么目标，而是管理当局应该制定程序来使战略目标与主体的使命相协调，并且确保所选择的战略和相关的目标与主体的风险容量相协调（COSO 框架）。"对目标实现的作用在于提供尽量的保证，风险管理流程就是围绕实现这一职能而设计的，风险管理的主要作用就在于此。之所以说是尽量的保证或合理保证，是因为并非影响目标实现的所有事项都在企业可预测、可控制的范围内。

二、风险管理的价值特点

风险是未来的不确定性，风险管理的价值具有滞后性。因此，当一项工作有现实价值，同时又有未来风险时，就存在当前利益和未来风险的平衡问题，重当前还是重长远。银行业务在这方面尤为突出，一是利益和风险时间分布的不均衡性，从当期开始逐渐实现利益，但随时间推移风险在逐渐积聚；二是利益和风险数量对比的不对称性，一笔业务的利益远小于其风险暴露。银行业务的风险特点对其风险管理提出了更高要求。国际金融危机的教训之一就是不恰当的薪酬政策所造成的重业绩轻风险的短期行为激励。

"为了发展和维系广泛、深入的风险管理文化，薪酬政策与短期会计利润之间联系不应过于紧密，而是应当与长期资本水平和公司的财力情况挂钩，并充分考虑风险调整后的绩效方案。此外，银行应对股东充分披露其薪酬政策。为确保有效的全面风险管理，每家银行的董事会和高级管理层肩负有化解由薪酬政策产生风险的职责。"（巴塞尔委员会《第二支柱指导意见的补充文件》）风险管理价值的滞后性使风险管理地位具有不确定性，与企业文化、高层思想以及职能定位、价值贡献都有关系。

风险管理的作用及其价值特点，决定了良好的风险管理需要从企业最高层重视做起。

第二节 实 践

风险管理按重视程度或工作深度有三个依次递进的管理层次：一是风险表象，二是风险趋势，三是风险特性。在思想上越是重视持续经营管理层级就应越是向后延伸，防病胜于治病。

企业持续经营需要关注长期风险。短期目标及与之相伴的短期风险都是现实问题，企业经营管理不应局限于此。长期目标及与之相伴的长期风险、目标与风险在长短期之间的协调都应纳入当前管理范畴。风险管理可以在长短期之间有所侧重，但不应有所取舍，尽管短期比较明确、长期比较模糊，不断产生的现实问题都不同程度地与过去的作为有关。薪酬政策要避免短期激励、控制集中度等都是这方面的举措。关注长期风险不仅需要将其纳入当前管理范畴，更需要在管理机制上强化思想导向。因其并非当前的现实问题，解决好还可能对当前有不良影响，但解决不好就会成为将来的现实问题甚至严重问题，高层重视才能深入开展下去。

经营形势好的时候不需要风险管理、经营形势坏的时候后台要为前台服务的观点是否正确？经营形势好的时候，风险管理对企业实现经营目标的保证作用确实有限，但企业除短期经营目标外还有长期战略目标，越是在经营形势好的时候越要为长期战略目标的实现打好基础，这时忽略风险管理将埋下长期风险隐患。如果不从广义上理解服务，后台为前台服务的说法也是需要商榷的。前后台都要为企业目标实现而努力，两者是分工协作的关系，既不是对立也不是从属关系，否则就是企业管理出现了问题。

第二章　框架——完整面貌

关注问题：风险管理体系健全完善还是薄厚不均。

第一节　概　述

风险管理框架概览

下面首先介绍 COSO 框架，在此基础上创新发展形成四元框架，即本书提出的风险管理体系，并由此展开本书具体阐释风险管理。为更好理解风险管理，还在 COSO 框架和四元框架之后从功能作用的角度对风险管理主要内容初步梳理了一个三角框架（见图 2−1）。

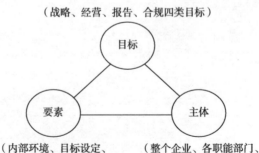

（战略、经营、报告、合规四类目标）

目标

要素　　　　　　主体

（内部环境、目标设定、　　　（整个企业、各职能部门、
事项识别、风险评估、风险应对、　　各条业务线、子公司）
控制活动、信息与沟通、运行监控）

图 2−1　COSO 框架

（一）基础框架——COSO 框架

COSO《企业风险管理——整合框架》包括三个维度，重点展开要素维度，侧重风险管理行为，阐明风险管理流程中的关键环节，即如何具体管理风险。COSO 关于风险的定义是从目标出发的，风险是一个事项将会发生并给目标实现带来负面影响的可能性。强调目标，围绕目标而非损失来定义风险。事项是源于内部或外部的影响目标实现的事故或事件，可能有负面影响，也可能有正面影响，或两者兼而有之。带来负面影响的事项代表风险，带来正面影响的事项代表机会。COSO 关于风险管理的定义是：企业风险管理是一个过程，它由一个主体的董事会、管理当局和其他人员实施，应用于战略制定并贯穿于企业之中，旨在识别可能会影响主体的潜在事项，管理风险以使其在该主体的风险容量之内，并为主体目标的实现提供合理保证。关注对象是事项而不局限于风险，机会被反馈到战略或目标制定过程中，以便制订计划去抓住机会。实施人员包括最高领导层在内的全体人员，应用范围从战略制定到企业的各项活动，目标是将风险控制在风险容量之内，并为企业目标（价值创造）的实现提供合理保证。企业风险管理是一个持续、动态的过程，"直接关注特定主体既定目标的实现"。

目标、要素与主体三者分别对应方向、方法和执行者。目标是指一个主体力图实现什么，企业风险管理的构成要素则意味着需要什么来实现它们，主体是风险管理的直接责任者，即管理风险、实现目标的责任人。从单向看：强调企业风险管理的出发点、方向和归宿是目标，以目标统领过程，以此与企业使命相一致；强调企业风险管理方式要按照八个要素的组成框架和流程进行；强调企业风险管理的主体涵盖自上至下的各个单位。从组合看，即每一个管理主体都应有自己的目标，按照规定的方式管理风险，强调目标的重要性，方式的统一性，主体的全面性。

  COSO 框架的核心内容应是：提供一个风险管理的指导原则，这个指导原则在内容组成上是一个框架体系，既非"全"也非"高"，有的译成"全面风险管理"并充分演绎"全面"，似乎没有抓住核心。译成"风险管理基本框架"或"风险管理 COSO 标准"可能更贴近内容核心。"全面风险管理"易于引起误解之处在于：大家很熟悉"风险管理"四个字，容易把关注重点放在"全面"两个字上，进而在某种程度上疏忽对"风险管理"而强化对"全面"的探究。实际上，COSO 的重点恰恰在"风险管理"而非"全面"上。从另一个角度来看，"全面"应是基本层面的要求，有风险而不去管理，或者管理主体不尽职或者管理对象不健全都是不妥的。虽然 COSO 也有关于"全面"的强调，但不是主要的。"全面风险管理"一词虽有缺陷，但也有必要。相对于目前风险管理而言，如何进一步推进风险管理工作，除此之外再无明确的进步性、目标式工作导向，"全面风险管理"一词在某种程度上起到了这样的作用。

  COSO 框架的优点主要是对一般风险管理进行了系统化，提出了系统的、清晰的框架、流程和逻辑，对风险及风险管理的概念、风险管理的定位、管理要素的运用都做了全面阐述。缺点主要是没有解剖管理对象，而管理对象的差异对管理方式提出了不同要求，也由此产生了具体的、细分的风险管理方向，其次是没有解剖不同层级主体职责的差异以及由此产生的对主体的不同要求，这些不足之处使其不能包容现实风险管理的新问题和新发展。还有一点，就是关于风险管理概念的定位表述比较理想化——"目标是将风险控制在风险容量之内，并为企业目标（价值创造）的实现提供合理保证"，有两个不足：一是会有风险目标第一、发展目标第二的感觉；二是在风险容量与企业目标之间、上下级在对风险容量的认识之间都可能存在不协调难以兼顾，但重要的是指出了风险管理的双重作用。

需要特别说明的两点是：第一，COSO 框架中的四类目标——战略目标、经营目标、报告目标和合规目标——尤其是战略目标和经营目标并不是也不包含通常理解的风险管理目标——关于风险程度的可接受指标。通常理解的风险管理目标在 COSO 框架中包含在风险容量之内，风险容量包含在八个要素之一的内部环境中。第二，COSO 框架在框架层面的直接管理对象不是各种风险而是企业的价值实现。COSO 框架把企业第一层面的价值实现目标即战略目标和经营目标，以及与价值实现并列相关的、反映价值实现的报告目标和价值实现过程中的合规目标作为直接的风险管理对象，把由战略和经营衍生出来的各种风险统一包含在事项之中，也就是说，COSO 框架并没有把风险种类作为第一层次管理对象，也没有将其目标凸显出来，各种风险隐含在影响目标实现的事项之中。

（二）拓展框架——四元框架

在 COSO 三元框架基础上拓展的四元框架见图 2 - 2：

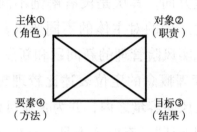

图 2 - 2　COSO 四维框架

　　上述四元框架相对 COSO 三元框架，一是增加了对象维度即风险管理行为指向的客体，包括风险类别、产品种类、重要业务板块或收入来源等诸多管理对象，也包括 COSO 框架中的战略、经营、报告和合规目标，因为不同对象对风险管理提出了不同要求；二是在把管理对象单列出来之后，把管理目标作为一个维度，明晰对各种风险管理对象的具体风险管理目标，这里的目标不同于 COSO 框架中的目标。单列风险管理对象，并明晰风险管理目标，有利于实施专业化管理。客户经理对一笔业务的风险管理和行长对本行全部业务的风险管理虽然都需遵循基本的风险识别、评估、控制等流程环节，但两者也有本质的不同：前者的目标是保障贷款安全，后者的目标是把风险控制在既定范围内，目标的安全程度不同；前者主要关注单一客户单笔业务的个案问题，后者主要关注外部环境和业务结构、内部风险相关性和整体风险趋势等组合问题，识别和评估风险的角度不同；前者主要采取客户筛选、风险缓释来预防个案风险，后者主要采取调整业务结构及风险限额来控制整体风险，实现风险管理目标的方式不同；等等。如果对重要管理对象不予细分，而以统一要求广泛覆盖，就不能突出重要管理对象的具体特点及其目标，也就不能有针对性地、对症下药地进行管理，风险管理的有效性也不会高。

从管理对象分解与组合的角度看，近年产生了许多风险管理的细分领域，如在风险组合方面，有全面风险管理，强调对各类风险的全面管理；在法人组合方面，有并表管理；在国家组合方面，有国别风险管理；在关联组合方面，有集中度风险管理等。这些领域多属"面"上风险管理，在个案即"点"上风险管理的基础上，风险管理向"点"的集合即"面"上扩展，"面"的重点在于板块切分以"块"为"点"。

四元框架全面涵盖了完整的风险管理运行体系：管理主体、管理对象、管理目标和管理方法。从管理对象出发，看是否有明确的责任主体、是否有具体的管理目标、是否有八个管理要素的真实存在，可以更好地审视管理主体、管理目标和管理方法的适宜性，也即整个风险管理的适宜性。模糊或泛化管理对象，可以说明一般性的风险管理原则，但不能满足针对性的风险管理需要。近几年新出现的全面风险管理、并表管理、国别风险管理、集中度管理等基本都是从管理对象的不同特性和需要出发，创新发展出来的风险管理新领域。

相对于 COSO 框架，四元框架把作为风险管理对象之一的风险种类从 COSO 框架的事项中提炼出来，突出对象的专业性；把风险管理目标从隐晦的风险容量中显现出来，突出目标的明确性。四元框架包含了COSO框架，COSO框架中的战略和经营目标属于战略/策略风险管理范畴，报告和合规目标属于操作风险管理范畴。四元框架把各种具体风险作为管理对象，管理重心下移、管理范畴扩大，需要处理好风险管理目标和企业经营目标的关系。在一般意义上，四元框架包含了三元框架并有所发展，单列管理对象并明确管理目标，提升了专业性和目的性。在具体实践上，随着企业规模的扩大和风险复杂性的上升，往往倾向于把各种具体风险作为直接管理对象，这时的风险管理目标与企业价值实现目标之间不完全等同且容易偏离，需要处理好两者的关系。

（三）提炼框架——三角框架

按照功能特点和层次高低，风险管理框架可简化为如图2-3所示的三角形：

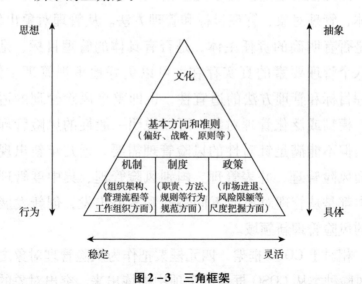

图2-3　三角框架

104

企业文化受高层影响，同时又影响全局，是表象的内因。文化的价值之一是，对于特殊问题可以从具体问题本身入手解决，但对于一些具有一定普遍性、顽固性的问题，就需要从文化角度考虑解决。

基本方向和准则指引企业稳定前行，越是简明扼要越能深入人心，越是言行一致越能发挥实效，起到提纲挈领、纲举目张的作用。

工作组织、行为规范、尺度把握等是日常工作所在（信息系统属于配套工程），所有这些对人员行为的影响程度、工作效果怎样，是徒有其名还是名副其实，是机械满足还是务实执行，也都在相当程度上取决于企业文化。

（四）三个框架的关系

本书以 COSO 框架为基础，学习借鉴其思想内容。受其启发，进一步将风险管理体系拓展成四元框架，按四元框架组织全文阐释风险管理。三角框架是对风险管理内容的概括提炼，供理解风险管理使用。

第二节　实　践

建设风险管理需要整体推进。主体、对象、目标、要素都要考虑，缺一不可。专业部门更侧重于要素建设，改进方法，提升水平。主体、对象和目标建设更需高层推动。主体建设包括从高管层到基层客户经理的队伍建设、从公司治理架构到各级机构的组织建设、从企业文化到激励机制的环境建设。对象建设一是要及时识别新的管理对象、保证风险管理的全覆盖，这个问题看似简单做到难，实际覆盖程度与人的思想认识程度密切相关；二是要细分现有管理对象，突出其风险特点，更有针对性地开展风险管理。比如，按风险类别分工不一定能覆盖所有风险，像战略风险、经营风险等本身就模糊不清甚至缺少共识；像代理业务等风险实际归属不明、职责定位模糊，等等。对已明确管理的风险也未必能够充分注意到其中的特殊风险问题。巴塞尔委员会对金融危机有如下的教训总结："近年来，银行的资产证券化业务增长迅速。银行将其视为一种融资替代资源，以及一种将风险转移给投资者的机制。尽管与资产证券化相关的风险对银行而言并不陌生，但近期的金融混乱却凸显了信用、集中、市场、流动性、法律和声誉风险中银行没有预见到的方面，对此银行未能充分地应对。例如，由于担心引发声誉风险和造成将来资本市场进入壁垒，部分对所发起的证券化结构没有契约性支持义务的银行也不愿意让这些证券性产品违约。由于购入此类资产并将其纳入资产负债表，银行为这些证券化结构提供的支持使其承担额外的和非预期的信用风险、市场风险和流动性风险，给银行的财务表现和资本比率带来巨大压力。银行在资产证券化风险管理方面的缺陷和表外暴露导致了金融危机期间巨额的非预期损失。为降低此类风险，银行在其风险管理规则中应涵盖对表内和表外的资产证券化业务管理的内容，例如产品审批、集中度风险限额，以及对市场风险、信用风险和操作风险的评估。"（巴塞尔委员会《第二支柱指导意见的补充文件》）应从多个角度出发，凡是对银行收入、成本、发展等可能存在负面影响的领域都应纳入风险管理范畴。目标建设关系风险管理各主体作用的发挥，影响风险管理的全流程，决定风险管理效能的高低。风险管理体系的运转情况依赖于四个组成部分各自的质量和整体的协调。

对比上述风险管理框架可以看出，在整个企业和重要领域实际风险管理都达到了什么程度。

对比 COSO 三元框架，可以看出一般性的风险管理是否健全，即每个风险管理主体是否有明确的目标，是否把目标应用到风险管理之中，是否按照八个要素的要求进行了风险管理，风险管理结果是否落实到目标实现上。实践中有的风险管理主体可能没有具体目标，工作弹性空间大，与企业最终目标的实现没有明确关系，这种情况下企业组织比较松散，成本高效率低，大机构容易出现这种情况；有的风险管理主体可能有具体目标，但目标脱离实际，不用努力也能完成，重在保护局部利益，目标形同虚设等同于没有目标；有的风险管理主体可能有务实的具体目标，但与风险管理工作整合程度不高，没有形成一条龙的管理机制，而是兵分几路齐头并进，也影响了工作效率和目标保证，这多与机构多、分工细有关。

对比四元框架，可以看出风险管理是否既有针对性又有全局性。针对性是指对每类重要管理对象都有对应的、突出其特点的风险管理体系，责任主体明确、管理目标具体、八个要素齐全，并且充分体现了此类对象的特点。实践中容易做到的是大一统的风险管理，难以做到的是在统一管理基础上对每类重要管理对象的个性化的风险管理，风险管理的效能在很大程度上取决于后者；容易做到的是把风险管理局限于既有的风险类别、风险敞口及相应管理机制的既定框架内，难以做到的是从全行业务发展变化出发不断发现新的管理对象，把风险管理及时、全面覆盖重点领域，风险管理的问题往往出现在这里。重要管理对象的划分，需要从多个角度出发，审视个性化管理的必要性。如从资产负债表的角度，可以划分出若干重要业务板块；从利润表的角度，可以划分出若干重要收入来源；从风险种类及其来源上，可以划分出不同类别风险及其对应的不同层级的风险敞口，等等。全局性是指对相关联的风险管理对象实施整合性的风险管理，也同样需要主体、目标和要素的存在和匹配。在对具体管理对象实施针对性管理后，对相关联风险管理对象又需要从全局出发进行整合性的风险管理，从一个局部看另一个局部，从局部到整体，以全局视野升华风险识别、评估和应对，即在分别管理的基础上开展整合管理，分合并举。既要从多个角度确定重要管理对象，突出风险管理的针对性，又要从全局角度审视局部问题，突出风险关联性和企业整体性，让风险管理"顶天立地"。

对比三角框架，可以看出风险管理是否根深叶茂，即是否有清晰明确、坚强有力的风险文化，是否有方向清晰、相对稳定的战略指引，是否有健全的机制、清晰的流程、灵活的政策，是否有文化、战略、政策三者之间的密切衔接。实践中容易做好的是底层操作部分，难以做好的是上层建筑部分；容易做到的是三个部分独立挺进，难以做到的是三个部分浑然一体。处理不好三个部分的建设和衔接，就会出现思想和行为混乱，朝令夕改，莫衷一是。

第三章 主体①——管理机制

关注问题：管理机制是否形神兼备、是否兼顾制衡与效率。

第一节 概 述

一、形与神

风险管理机制主要包括公司治理层面的"三会一层"、机构设置层面的"三道防线"和业务操作层面的"三台分离"，外在表现为组织机构，内在表现为职责分工，相互关系体现在工作流程，运行状态取决于企业文化。

风险管理机制由表及里的三个层次依次是：组织架构—功能设计—企业文化。第一层面的组织架构最具一般性，主要体现风险管理的基本要求，受制于监管指引，各家相互参照，大同小异。第二层面的功能设计则具个体创造性，包括在大框架下的内部子结构设计和各单位的职责分工，体现组织的历史沿革、高层的管理思想以及内部的关系平衡。第三层面的企业文化最具特殊性，体现高层的思想，决定机制的运转，属"桃李不言下自成蹊""无形胜有形"之"无声无形"。三个层面对风险管理的作用依次增强，对风险管理的标识依次显著。

风险管理机制之形在组织机构。风险管理机制之神在组织机构的设计思想是否与企业文化相融，相融则如鱼得水，形神兼备，组织机构按设计初衷展现功能，并在第二层面的功能设计上进一步发展；不融则相反，有形无神，作用有限，徒有形象。风险管理机制的设计思想是业界的广泛共识和经验总结，企业文化是一家企业经营管理思想的个性体现，开放的企业文化应在接纳吸收一般性价值观的同时，结合自身经营管理的特殊需要予以发展，实现一般性和特殊性的结合。

二、制衡与效率

风险管理机制的作用主要在于处理制衡与效率的关系。制衡主要通过职责分工、授权与监督来实现，会影响效率。决策正确、执行无误是企业健康发展的需要，做到这点需要一定的制衡，同时，决策和执行的效率又都关系市场竞争和成本节约，也是企业追求的目标，做到这点需要减少环节缩短链条，因此，组织设计需要在制衡与效率之间取得平衡。

制衡控制风险但影响效率，制衡环节不在多，而在每个环节有其特定工作、独立增值和明确责任，前后不雷同、不滥竽充数。制衡多体现为部门分工细，业务链条长，在增加制衡的同时不仅影响效率，还会产生新问题——部门分工细会产生交叉和空白，好事抢、坏事推；链条长会产生高成本和无责任，人浮于事，前后推诿。制衡对象要全面覆盖，没有不受约束的权力。制衡盲区就是权力滥用的空间，容易滋生风险隐患。

制衡体现权利，风险管理机制容易自发膨胀，相应地，提升效率也容易变成瓦解制衡谋求权利的幌子，风险管理机制也可能不断萎缩，因此，风险管理机制处于动态平衡之中。权利需要制衡，但制衡者可能以控制风险名义创造制衡过分谋求权利，被制衡者也可能以提高效率名义瓦解制衡过分谋求权利，制衡与效率的表面和背后都是权利，公私混杂。

第二节　实　践

风险管理机制有形易、有神难，切实发挥作用需要形神兼备。在公司治理层面，"三会一层"的决策、执行和监督机制应具有中国特色，功能、结构、文化相协调。在机构设置层面，"三道防线"应各有所防，第一道防线把好入口，处理好个案；第二道防线既要把好个案，也要把好总体；第三道防线要把好监督，保证前两道的有效性。在业务操作层面，"三台分离"应有适度的距离，尤其是前台与中台、后台之间，以适度的距离保证中后台的适度独立性。

一些典型的失败案例都反映出风险管理机制的重大缺陷，如雷曼兄弟公司为过度追求利润而严重削弱风险管理，巴林银行的交易员私设账户掩盖亏损，中国银行业过去也有账外经营的情况。

风险管理机制处于动态演化和平衡之中，及时调控纠偏需要关注以下问题：公司治理是否处理好职能的发挥、权利的制衡和利益的平衡，还是有形无实；第一道防线是把好入口，还是漫天撒网、藐视制度，第二道防线是相对独立，还是无足轻重、逢迎附和，第三道防线是居高临下，还是职能趋同、沦落世俗；前台与中后台是否都保持了必要的距离，是三足鼎立、一视同仁，还是高低不一、亲疏有别。

第四章　主体②——角色划分

关注问题：管理者和操作者是否各就各位。

第一节　概　述

一、关于主体的类型

从主要职责方面可将风险管理相关人员区分为管理者和操作者两种类型。操作者是指个案风险管理流程的直接参与者，按政策制度规定从事具体环节的风险管理工作，对单笔业务、单个客户的单项风险管理工作负责。管理者是指面对一个机构的一类或若干业务的风险管理，对机构整体风险状况及其管理工作负责。操作者与管理者在个案业务上有一定交叉，如大额贷款审批既有操作者也有管理者共同参与。管理者的主要职责之一是指挥/指导别人，告诉别人如何管理风险，是风险管理的"后台"（政策、制度、检查），操作人员在由其制定的政策制度规定下开展工作；职责之二是直接识别、衡量、应对风险，是风险管理的"前台"，负责操作人员不能替代的机构层面的风险管理，包括机构整体或其组成部分。

将风险管理人员按其负责事项不同划分两类，意义有二：一是各就各位、各司其职、各负其责——操作者要处理好个案问题，不要随意挑战政策制度，在合规前提下做好业务，同时，管理者要处理好全局问题，把机构整体风险的管理责任和政策制度的制定责任负担起来。二是有利于明确管理者自身的责任——管理者对个案问题的关注是必要的，但个案问题全部累加起来也代表不了机构问题，建筑在实践基础上的宏观视野更加重要；管理者对机构风险的责任如同指挥员对一场战役的责任，不能因为要求士兵打赢而未打赢或者要求士兵做到而未做到就将失利责任简单归于士兵，管理者容易向操作者推卸责任。

管理者与操作者的风险管理主要是管理对象不同，都适用于一般的风险管理框架。但由于管理操作者的人员和机构众多，为操作者建立的风险管理体系的健全程度相对较高甚至冗杂，而管理管理者的人员和机构比较少，加之管理者和操作者的职责模糊，为管理者建立的风险管理体系的健全程度相对较低。管理者风险管理面临的突出问题是，所在机构的风险，机构整体或从不同角度划分的重要领域，是否有明确的责任人、清晰的管理目标以及八个风险管理要素的有效落实，是否可以与单笔业务的管理机制、政策、制度、系统等相类比。

二、管理者责任重大

巴塞尔银行监管委员会（以下简称巴塞尔委员会）在其2000年9月发布的《信用风险管理原则》中提到，"尽管近些年金融机构面临困难的原因多种多样，但银行业出现严重问题的主要原因"：一是"对借款人和交易对象不严格的授信标准"，二是"糟糕的资产组合风险管理"，三是"对可能导致银行交易对象信用恶化的经济形势或其他变化疏于关注"。这里强调三点：授信标准、资产组合和外部环境，这三个问题的责任人基本都是管理者。在《第二支柱指导意见的补充文件》中反思 2007 年开始的金融动荡时，再次重复了上述观点："虽然金融机构面临困难的原因很多，但引起严重银行问题的主要根源向来都是由于放宽借款人及交易对手的信贷标准，组合风险管理水平低，对导致交易对手信用状况恶化的经济和其他环境变化缺少应有的关注。这是十国集团和非十国集团国家普遍的经验。"管理者和操作者的风险管理职能和工作要求有显著差异，管理者的风险管理更加重要，但也易被忽视，这也正是巴塞尔委员会总结的上述教训的原因所在。

第二节　实　践

管理者对风险管理负有双重责任：个案或微观风险管理责任、机构或宏观风险管理责任，对前者重在教导别人，对后者重在身体力行。

对管理者应如同操作者一样建立起一套健全的风险管理体系，把机构整体风险管理工作日常化运作起来，使宏观和微观风险管理相得益彰。

鉴于管理者的重要性和其责任的模糊性，需要有相对独立的第三方客观监督评价风险管理的有效性，承担起对风险管理的再管理之责。这也是风险管理体系的一个重要组成部分，在 COSO 框架中有相关说明，本书也另有章节具体说明。

管理者和操作者是一个矛盾统一体，管理者的话语权永远高于操作者。机构风险管理的成败主要取决于管理者，但成功可以归因于管理者，失败却未必能够侧重管理者找原因，往往归因于环境恶化或执行不力。重要风险问题即使不从管理者找原因，也应审视宏观管理是否完善，讳疾忌医、头痛医头，敷衍小病、酝酿大病。

第五章 主体③——文化导向

关注问题：风险管理者的思想导向是明确有力还是模糊涣散。

第一节 概 述

一、文化的作用

在 COSO 八要素之首的内部环境要素中，解释了风险文化相关内容。"内部环境包含组织的基调，它影响组织中人员的风险意识，是企业风险管理所有其他构成要素的基础，为其他要素提供约束和结构。内部环境因素包括主体的风险管理理念、它的风险容量、董事会的监督、主体中人员的诚信、道德价值观和胜任能力，以及管理当局分配权力和职责、组织和开发其员工的方式。""一个主体的风险管理理念是一整套共同的信念和态度，它决定着该主体在做任何事情——从战略制定和执行到日常的活动时——如何考虑风险。风险管理理念反映了主体的价值观，影响它的文化和经营风格，并且决定如何应用企业风险管理的构成要素，包括如何识别风险，承担哪些风险，

以及如何管理这些风险。""当风险管理理念被很好地确立
和理解、并且为员工所信奉时，主体就能有效地识别和管
理风险。否则，企业风险管理在各个业务单元、职能机构
或部门中的应用就可能会出现不可接受的不平衡状态。"
"企业的风险管理理念实质上反映在管理当局在经营该主
体的过程中所做的每一件事情上。它可以从政策表述、口
头和书面的沟通以及决策中反映出来……至关重要的是管
理当局不仅要通过口头、而且还要通过日常的行动来强化
这种理念。""高层管理当局对有效企业风险管理的态度和
关注必须明确而清晰，并渗透到组织之中。光说得正确是
不够的。那种'按我说的去做，而不是按我做的去做'的
态度，只会带来一个无效的环境。"文化是日常经营管理
行为的思想升华，由特殊到一般，由具体到抽象，文化又
反作用于日常经营管理行为，是多数人的思想共识和行为
自觉。

　　文化的作用在于统一思想认识，在于正确理解文件，
在于弥补文件不足。"风险管理必须植根于银行的风险文
化。这应当作为首席执行官、首席风险官、高级管理层、
交易部门和其他业务线负责人及员工战略决策和日常决策
的重点"（巴塞尔委员会《第二支柱指导意见的补充文
件》）。有健康的风险文化才会有健康的风险管理。文化乱
就会问题多，问题多就会文件多，文件再多也不够用。文
化既可冲毁一切藩篱，也可以筑起坚固工事。企业文化如
同社会文化，缺少健康文化即使法规再多也解决不了很多
社会问题。优秀企业文化可以激发员工的自律意识，从而

降低企业管理成本，更有助于企业长期稳定发展。实践中如果文化虚弱或混乱，就会出现以下现象：一是文件多，因为只能靠具体文件解决具体问题了，由此就会产生不明就里照章办事的简单和僵化操作，如搞一些不能实际抵御风险、但可满足文件规定的形式担保。二是权威多，因为缺少基本理念约束而思想混乱无可免议，由此就会产生重局部轻整体的现象，局部都有道理整体就没了道理。三是乱象多，因为操作上不重实质重形式，业务上不是有取有舍而是好吃就吃，因为因人而异的较大发挥空间和较高自由度，无论业务组合还是管理质量就会丰富多彩，最终甚至将导致整体失控或在一定程度上失控。

二、文化建设

文化建设大致可分为以下四个循环提升阶段：第一阶段是不自觉的（无意识）的文化创造。企业在经营管理过程中逐渐形成一套被组织内部广泛认可的一些组织运营的理念或者思想，是零散的而非系统的，是"未经正式发布或声明的规则"。第二阶段是自觉的文化提炼与总结。及时总结经验教训并发扬光大，同时以此共同的价值观统一思想、凝聚共识、提升合力。第三阶段是文化落地执行与冲突管理。庞大的组织规模和多元化的员工结构，既凸显了文化建设的重要性，也对文化传播、执行和管理提出了挑战，高层领导率先垂范，取信于人，让大家看到文化、信任文化最后才能自觉执行文化。第四阶段是文化的再造与重塑。文化需要保持适度稳定，也需要根据内外环境变化与企业发展需要进行更新、进化甚至是再造，使其能够持续地、较好地服务于企业发展。文化建设的关键在于深入人心，通过统一思想来统一行动，建设难度要远远高于制度。如果缺少良好文化作为灵魂，制度会杂乱无章，行为会五花八门。

"80 年代初，美国哈佛大学教育研究院的教授泰伦斯·迪尔和科莱斯国际咨询公司顾问艾伦·肯尼迪在长期的企业管理研究中积累了丰富的资料。他们在 6 个月的时间里，集中对 80 家企业进行了详尽的调查，写成了《企业文化——企业生存的习俗和礼仪》一书。该书在 1981 年 7 月出版，后被评为 20 世纪 80 年代最有影响的 10 本管理学专著之一，成为论述企业文化的经典之作。它用丰富的例证指出：杰出而成功的企业都有强有力的企业文化，即为全体员工共同遵守，但往往是自然约定俗成的而非书面的行为规范；并有各种各样用来宣传、强化这些价值观念的仪式和习俗。"

在文化形成过程中，除了形势诱导、行为传染的潜移默化的影响，考核起到了显性的推动作用，风险指标的权重、指标的适宜性、数值的合理性都直接影响了人们对待风险的态度和行动。文化一旦形成，不仅占据了思想阵地，也在实践中开花结果，纠正不当文化既有难度也有代价。要有文化指南，有重要载体明文阐释，并将其纳入公司治理体系，重要变化要有流程规范，以将主流文化置于显性的、高层的控制之下，保证健康不被蚕食。

第二节 实 践

　　良好的风险管理需要有良好的风险文化作为根基。文化与制度的关系，从某一方面看如同中医和西医的关系、治本与治标的关系。文化属思想层面，制度属操作层面，两者健全协调可相得益彰，亲疏有别就会出问题。企业越大面对的问题会越多，需要健全制度，更需要建好文化。

　　风险管理是否有力不宜简单以文件多寡来衡量。文件多也有可能是管理混乱，文件少也有可能是秩序井然。制度侧重于解决具体问题，在此基础上应透过表象看到实质，提炼出需要在文化层面解决的共性问题，相应加强文化建设。

　　在加强制度建设的同时是否相应加强了文化建设，制度建设是否及时向文化建设延伸？繁多的制度是否有统一的灵魂，文化建设是否统领了制度建设？企业是一个小社会，需要法治，也需要德治。我们目前面对纷繁芜杂的社会问题，在不断完善法治的同时，也在不断加强思想文化教育。

　　文化建设需要显性化，也需要简单化，但不是概括提炼或生硬编造几句晦涩、工整的"警句"，然后再牵强附会无限演绎就能深入人心、被人接受并影响日常思想行为的。应提炼出一些不因一事、一时利益而动摇、可以长期坚持的基本准则，从最高层到最基层广泛宣传，从最高层自身理解、接受和执行抓起，贯彻到各项战略、政策、制度以及日常实务的方方面面，高层维护、率先垂范比基层普及、空洞说教更重要。文化是长期形成的，积极倡导的企业文化也需要长期养育，逐渐深入人心，渗透到方方面面，才能自然影响人们的思想行为，成为企业发展的无形指南和强大动力。

第六章 对象①——全面细致

关注问题：风险管理对象是否既无遗漏又有针对性。

第一节 概　述

一、关于全面性

全面性是风险管理的一个永恒主题。全面性问题看似简单实则复杂，并非仅是应管尽管，因为何谓"应管"本身就有一定模糊性。在谈论风险管理时，往往隐含一个假设，即管理的风险是企业自身的风险，但一些目前虽与企业有关但不属企业自身的风险，在一定的条件下可能变成企业自身的风险，监管政策、市场环境的变化都可能成为诱发因素。比如本次国际金融危机期间，一些机构出于声誉影响和将来发展等考虑被迫超出法定义务将一些证券化资产并入表内，风险轮廓和损失程度都发生较大变化，雪上加霜，也有一些机构因为频繁的并购、复杂的结构致使风险轮廓不清，不能根据形势变化及时有效调整风险轮廓。因此，风险轮廓应按照责任归属划分出不同范畴，比如第一层次是企业的法定责任范畴，是直接敞口；第二层次是与企业声誉、收入有关但不属于法定责任范畴，将来有可能承担一定损失，是间接敞口。按照风险责任由近到远、由重到轻识别出相应的风险敞口后，才可分类施策，未雨绸缪。这是全面性问题在"平面"上的体现。

全面性的另一挑战是平时没有或不重要、但在压力时期可能出现的严重问题，比如本次国际金融危机期间各类风险的交互影响，进一步加深了各类风险的程度。平时建立起来的分类管理机制重在局部管理，考虑的风险因素主要是外生的，相互之间基本没有恶性影响甚至具有一定的抵消。因此，在考虑日常风险敞口和风险程度的同时，也需要关注压力时期信用、市场、流动性等风险之间的交互作用对风险敞口和风险程度的影响，做好集中度风险管理、组合风险管理。这是全面性问题在"纵深"上的体现。

二、关于针对性

针对性是风险管理的另一个永恒主题。对个案风险管理的针对性容易做到，难以做到的是对达到一定数量、具有相似风险特性的业务板块的针对性管理。板块切分越细，针对性越强。加强板块管理一是要及时识别风险相似体，二是设立管理门槛，三是有定期监测，及时研究改进对其管理措施的适宜性。对板块的针对性管理可以减少以致避免大面积风险发生，可以节约管理成本。

第二节 实 践

风险管理对象的全面性有别于日常风险管理，应由指定机构负责，包括监测分析不同层面的风险敞口和风险程度，审视风险管理策略的适宜性。风险管理对象的针对性属于日常风险管理的深耕细作，应由归口部门负责。两者结合，保证风险管理对象既无遗漏又有针对性。

传统风险管理主要是按风险类别划分，有利有弊。利在突出风险属性，弊在容易形成指标导向和视野局限。弥补这个缺陷需要有新的视角，比如敞口导向可以突出业务特点，也可以减少遗漏。正如没有一个风险管理指标是完美无瑕的、需要有多个指标从多个角度反映问题一样，风险管理的视角也应是多维的、交融的。

第七章 对象②——个体管理

关注问题：风险管理要素是否实质落实、质量效率的平衡点在上还是在下。

第一节 概　述

从风险载体角度，风险管理对象可分为个体和组合两种类型，分别在本章和下一章说明。

一、操作方面

从单一环节看，风险识别是最重要的基础工作。如何识别风险在教材上有很多具体方法，但受制于客户和自身因素，很难细致入微进而拨云见日。客户方面，大客户有竞争优势致其配合度低，小客户信息质量差可信度低。自身方面，需要考虑效率因素，不宜长久摸查。所以，具体任务导向的单向的、临时的风险识别应转向客户维护导向的多维的、长期的风险识别。所谓单向转向多维，是指不仅要直接调查客户，也要从其他信息源间接调查客户；所谓临时转向长期，是指要做好现实客户和潜在客户的日常维护和信息积累。如果风险识别不清，也就失去了风险评估的基础，风险应对也将缺乏针对性和有效性——或者因为看不透而应对过度，或者局限于表面现象而应对不力，或者仅从制度规定出发满足一般性要求。

从各环节的逻辑关系看，风险评估起着承前启后的关键作用。风险评估的作用在于更好地认识各项风险因素的影响，进而对症下药有效应对。但由于评估属主观判断，对分析水平要求高，也有一定的个人责任，不像风险识别可以发挥想象，也不像风险应对既有制度依据又可提高要求，以致评估难以落实，或者移花接木，用一般性的客户风险评估代替对具体业务的具体风险因素的评估。如果没有评估，风险识别就会局限于杞人忧天、草木皆兵，各项风险因素发生的可能性高低、影响大小一概不知，风险应对就会不分青红皂白、重形式轻实质，实际上，风险识别和风险应对各自独立，识别侧重于形式，说尽各种可能，应对侧重于制度，满足一般性的合规要求或者在此基础上再提高要求。

二、管理方面

个案风险管理的许多方面可归结为如何处理质量和效率的关系。

第一，如何对待不同规模的客户。

从大企业到个人都是银行的客户，大企业可以给银行带来巨额收入，个人客户群可以给银行带来稳定的收入，都需要高度重视。但两者特点不一，大企业单户影响大，无论是正常客户还是违约客户，市场竞争又强，需要处理好个案问题，产品复杂化、服务个性化、管理全面化，可以兼顾管理质量和工作效率。以个人为代表的小型客户单户影响小，市场竞争弱，如果类同大企业对待就会高成本低效率，影响业务发展，因此，需要处理好群体问题，分类对待、统一处理，产品简单化、服务标准化、管理重点化，为保证效率适当降低质量要求，通过众多客户的组合效应来降低风险。大客户需要"手工操作"而小客户需要"机器处理"，大客户重"点"小客户重"面"，以此兼顾质量和效率。

第二，如何对待流程的长短。

上收审批权是加强风险控制的一个传统手段。审批层级越高，意味流程越长，似乎从两个方面起到了加强风险控制的作用：一是流程越长审查环节越多，自然会起到加强风险控制的作用，二是审批层级越高越能体现上级行的意图，越能弱化下级行与客户、与地方的利益关系，也会起到加强风险控制的作用。实际上，长流程的作用主要在后者，前者的作用有限。多个审查环节容易出现相互依赖、推诿扯皮现象，工作雷同，弹性空间大，责任模糊，既没有很好地起到加强风险控制的作用，又严重影响效率，甚至滥用权力。如果在上收审批权的同时没有缩减中间环节，即审批层级的高度和中间环节的数量成正比，即使由于上述第二点原因起到一定的加强风险控制的作用，也往往因中间环节较多而以牺牲效率为代价，难以兼顾质量和效率。所以，流程设计应减少工作雷同的环节，保证每个环节有其特有的增值和明确的责任，上收最终审批权限的同时应适当减少中间审查环节，兼顾质量和效率。

第三，如何对待前后台的关系。

前后台分离是内部控制的一个重要手段，也是一个重要经验。但往往分离变成了分立，分工协作变成了分庭抗礼。前台更关心效率、后台更关心质量是正确的，但如果缺少统一两者、并为各自遵循的内在因素，就容易出现各执一词、兵分两路的对立状态，结果是难以兼顾质量和效率。解决好两者的关系需要从两者分别入手，在继承分离经验的基础上以企业核心利益为中心增强目标协同。首先，增强前台的风险意识和责任，对具体业务的完整风险负责。在一笔业务的整个生命周期内前台需要全程陪伴，掌握第一手风险情况，处于拒敌于国门之外的首要位置，应对业务风险负完整责任，同时，也要核查包括后台在内的所有相关人员的责任。前台对具体业务风险负起完整责任后，既有利于风险控制，兼顾质量和效率，也有利于减少前后台的对立，也只有这样，三道防线才可能名副其实地真正起到三层防御的作用。其次，增强后台的发展意识，在控制风险的基础上促进业务发展。前后台都应以企业健康发展为核心，前台要增强风险意识，后台也要增强发展意识。如果后台脱离业务发展甚至不顾企业战略实施而狭隘控制风险，那么也偏离了企业目标和风险管理的初衷。后台增强发展意识后，风险管理效能得到进一步发挥，也有利于减少前后台的对立，兼顾质量和效率。

第四，如何对待政策的制定与执行。

政策制定是多头的、分散的，不同领域的分管者都守土有责号令四方，针对具体问题采取具体措施形成具体政策，但政策执行却是集中的，上面千条线下面一根针，这就带来众多要求的统筹兼顾问题，是在"上面"主动做好，还是不分青红皂白推给"下面"，即"上"平衡还是"下"平衡，此问题易被忽视。制定者只重其一不及其余，如铁路警察各管一段，执行者权衡利弊得失自我平衡。有时繁多的质量要求和较高的数量要求多管齐下，制定者貌似要求全面，但缺少内在协调平衡，执行者因而很难全面落实，只能根据考核轻重、个人好恶确定掌握标准择优落实，其结果是质量和效率往往不能全面实现。要达到"既要""又要"的目标，就要在顶层做好两者的内在协调，考虑执行者的承受度和可操作性，仅从形式上强调"既要""又要"，结果会五花八门甚至是"都不要"。要求可以是无限的，但承受和执行是有限的，"上面"主动务实平衡，比交给"下面"被迫平衡更有利于实现预期目标，应有一个相应的工作机制。

第二节　实　践

风险管理的要素流程和业务流程建设，不仅要处理好单一环节，也要处理好环节之间的衔接，形成坚强有力的链条，避免一盘散沙。在要素流程方面，要处理好风险识别、衡量、应对三者之间的逻辑依存和因果递进，这是风险管理的内在质量。在业务流程方面，要处理好前中后台以及上下级行的分工协作，形成目标一致而分工不同、密切合作的良好局面，不以局部利益影响全局利益，兼顾风险管理工作的质量和效率。

上下级、前后台的矛盾冲突如果发展到一定程度，可能就不是尽责的表现、内控的作用，甚至可能反过来是利用内控推卸责任的反映。机构运转犹如人体一样，不仅每一部分要恪尽职守，相互之间也要密切协调。既要明晰各自职责，在利益冲突各方之外有独立第三方明察是非曲直，也要从利益共享促进思想统一进而实现合力提升的角度，做好相互间的内在协调，才能更好地兼顾质量和效率。前后台的职能定位和责任制如何建立，对个体的业务操作、风险管理、相互协作以致企业健康发展都有重要影响。

第八章 对象③——组合管理

关注问题：风险管理的宏观视野开阔灵活还是狭隘僵化。

第一节 概 述

一、局部管理

（一）集中度管理

"集中度风险是指所有可能造成以下影响的单个风险暴露或相似风险暴露的组合（如相同的借款人或交易对手，包括担保人、地域、行业或其他风险因素）：（1）导致足够大的损失（相对于银行的盈利、资本、资产或总体风险水平而言）而威胁银行健康或核心运营能力；（2）导致银行风险组合的实质性变动。虽然在并表层面来看单个子银行中无管理的集中度风险可能并不显著，但其却可能危及其附属机构的生存能力，因此银行应同时从法人和并表两个层面对风险集中情况进行分析。"（巴塞尔委员会《第二支柱指导意见的补充文件》）

"未加管理的集中度风险是引发银行问题的重要原因，

不论相关暴露记录于哪种账簿，银行都应对所有相似的直接和间接的风险暴露进行加总。"（巴塞尔委员会《第二支柱指导意见的补充文件》）"历史上有很多由于对单一对手的敞口过于集中而导致银行破产的案例（如 1984 年的英国约翰逊·麦瑟琳银行，20 世纪 90 年代末的韩国银行危机）（巴塞尔委员会 2014 年 4 月《计量和控制大额风险敞口的监管框架》）。

集中度风险产生于习惯、贪婪或疏漏。思想、市场、业务、管理等方面的习惯性依赖，对利益的排他性获取，对某些领域疏于审慎关注而致风险敞口汇总不全，都会使风险在关注之外逐渐积聚以致过度集中。集中有利于提高效率，有利于短期利益，管理集中需要有自我控制的毅力，需要有长期风险意识和责任感。

集中度的识别重在实质，"应当同时考虑单一的或一组紧密相关可能给银行带来不同影响的风险驱动因素导致的集中度风险"，"银行应充分考虑基于共同或相关风险因素而产生的集中度风险"（巴塞尔委员会《第二支柱指导意见的补充文件》），即对单一的或一组紧密相关的风险因素的依赖。巴塞尔委员会 2014 年 4 月在《计量和控制大额风险敞口的监管框架》中对关联交易对手的定义同时考虑了控制关系和经济依存度："如果至少满足下列一项条件，则两个或两个以上的自然人或法人应该被视为一组相互关联的交易对手：（a）控制关系：其中一人直接或间接对他人拥有控制权。（b）经济依存度：如果其中一人遇到财务问题，尤其是融资或还款问题，那么其他人也可能遇到融资或还款问题。""对集中度风险的计量应采取多种方式，如总额或净额比较、使用名义金额、考虑或不考虑交易对手对冲情况的分析等。"

集中度风险的控制在满足监管要求的同时主要取决于银行的风险偏好。对集中度的全面、准确的认识（包括风险依赖因素和敞口计量方法），对控制程度高低的认真研究、充分讨论，其重要性远高于具体的控制标准。

（二）集合管理

集合管理是控制系统性风险、是降低成本提高效率的有效手段。操作者管理个体风险的优势在于能够抓住特性问题，对症下药，个别处理。但集合中的个体往往存在共同的外部风险因素，如共同向一个国家出口食品的企业板块，与进口国的贸易关系就具有普遍影响，要求每个操作者都去关注共同的外部风险因素，既成本高昂，也不具有可操作性。当操作者的个体风险管理到位后，一个集合的风险就在一定程度上取决于管理者的宏观风险管理。国际金融危机后，国际和国内监管机构越来越重视系统性风险，站在监管机构自身角度，重点关注银行出现风险问题对整个金融市场的影响，要求系统重要性银行增加附加资本要求，提高银行抵御风险的能力。银行也应关注系统性风险对自身的影响，防范某一领域（包括产品、客户、行业等）由于共性而非个体性因素，出现大面积风险。与个体性风险相比，系统性风险对银行影响更大，主要体现在以下几个方面：一是系统性风险来源与成因复杂。系统性风险的诱发因素来自宏观经济、国家政策、自身产品等多个方面，其产生的原因、影响的路径、造成的损害都不尽相同，很难通过单一的方法对这些因素进行分析。二是系统性风险管理更加困难。共性因素的冲击有一定的偶发性，商业银行无法全部控制这些因素的发生，也很难对这些因素进行准确预警。同时，系统性风险因素与具体风险敞口的对应性及影响深度相对模糊不清。三是系统性风险造成的损失更大。系统性风险影响商业银行的多个产品、行业或地区，甚至整个资产负债表，这种风险的危害远高于个体性风险。对集合加强系统性风险管理，既有利于与个案风险管理相互补充、提高个案风险管理效率，也有利于降低以致避免全局性风险损失。

对集合应有健全的风险管理机制。鉴于系统性风险的复杂性和重要性及其与个案风险的本质差异，应有一套相应的风险管理体系。识别不同集合风险敏感度和实际风险程度的高低，确定相应的关注程度。从外部环境、典型个体、实际状况等方面监测分析风险变化，预测风险趋势，前瞻性管控风险。各级行对上级行集合管理未能覆盖的、对本行有重要影响的业务都应根据风险特点识别出重要集合，开展宏观风险监管。

集合管理是组合管理的重要基础。对全部风险敞口按其风险特性划分成不同的集合板块，日常监测分析风险变化，不仅对集合本身起到宏观风险管理的作用，也对由若干集合形成的整体组合即全行风险有更全面、深入的认识，有利于做好组合管理。

二、结构管理

结构管理是通过优化资产结构，尽量实现不同集合之间风险波动的互相抵消，或者实现风险收益的优化。

信贷与投资相比，因两者有较大差异而应在组合管理上有所不同。从市场看，信贷市场相对于投资是高度分散和碎片化的；从收益看，信贷收益的市场化程度要远低于投资，相应的收益和风险的相关性低；从持有期看，信贷基本是持有到期，投资可以灵活交易；从管理自主性看，信贷要弱于投资，等等。由于存在这些差异，组合管理方式应有所差异。投资组合管理可兼顾风险和收益，重在当期，在风险适度情况下实现收益最大化。信贷组合管理应以风险为重，立足当前关注长远，可以实现总体风险稳定为目标。

三、全面风险管理

全面风险管理的核心应是关于企业整体的风险管理，重点处理全局性问题，是在风险分散管理基础上发展起来的综合风险管理。"分"是"合"的前提，"合"是"分"的升华，"分""合"各有其必要性，但实践中容易出现"分"强"合"弱或有"分"无"合"诸侯割据的问题，容易出现只见树木不见森林、头痛医头脚痛医脚的问题，解决这些问题就是全面风险管理的价值所在。需要注意的是，"合"并非简单求"和"，而是从相互关系和成本效率的角度，在风险识别、评估、应对等方面做到见微知著、拨云见日、对症下药。全局性问题又可划分为两个角度，从外部环境看企业的问题和从内部结构看企业的问题，两个角度体现了全面风险管理的两个重心即关于"整体"和"整合"的问题。

实践中关于整体的问题，包括方向性和规则性的基本管理政策制度等问题相对易于处理，由上而下看风险管风险与传统管理机制有一定冲突——对重要宏观风险因素应先有权威和全局认识，再有局部分析应对，以致循环往复形成综合策略。关于整合的问题则比较复杂，属于日常性的全行整体风险的识别、评估和应对，要提高站位、统筹兼顾、登高望远，在分散管理基础上升华为全行综合管理，对管理机制、人员素质和信息系统等都提出了较高要求，处理不好就会把全局等同于局部的简单汇总。

第二节　实　践

组合管理关注风险集中度、集合的系统性风险、集合之间的风险相关性以及分散管理体制下的整体管理等问题。信贷组合管理是信用风险管理的一项重要职能，主要侧重于对银行长期风险的防御和控制，对银行的长期风险负责。信贷组合管理重长远、"治未病"，对解决当前问题作用有限，对实现近期利益甚至有负面影响，组合管理的开展程度取决于专业认识和高层态度。组合管理的开展水平在一定程度上反映了一家银行的稳健性和可持续发展能力。

资产规模越大对组合管理的要求越高。银行可以承受分散性、常规性的损失，但难以承受系统性、特殊性的损失，无论是在财务上还是在声誉上。建立健全组合管理机制，切实发挥组合风险管理作用，与个案风险管理相互补充，将使风险管理水平以致经营水平迈上一个新台阶，可以更好地保证长治久安。

第九章 目标①——目标作用

关注问题：目标作为风险管理的指路明灯是否光芒四射。

第一节 概 述

一、目标的组成

COSO 框架中提出了四类目标：战略、经营、报告和合规目标。战略目标属长期目标，经营目标属短期目标，报告目标是内外报告信息的质量（完整、准确和及时），合规目标是在实现战略和经营目标时的合规把握程度。"目标设定是事项识别、风险评估和风险应对的前提。在管理当局识别和评估实现目标的风险并采取行动来管理风险之前，首先必须有目标。"把目标作为核心，统一了风险认识，明确了管理方向。

四元框架包含并拓展了 COSO 框架，把管理对象和管理目标分列，两者相对应，能更好实现识别和管理风险的专业性和目的性。

二、目标的重要性

COSO 框架的一个逻辑是：风险管理为企业目标服务，从目标出发识别风险，管理风险实现目标，出发点和落脚点都集中在企标上。突出目标，统一思想，增强合力。

目标对识别风险的意义是方向明确——查找影响目标实现的不利事项，以对目标实现是否有不利影响为标准，避免海阔天空、草木皆兵。方向明确，认识统一，可以减少不同人员包括上下级、前后台之间的分歧，提高工作效率和竞争力；可以把其后的风险评估、应对工作引向正确的"病灶"，避免不分重点、四处出击。

目标对管理风险的意义：一是保证风险管理的适度性。管理风险不是消灭风险，而是将其控制在适度范围内。如何掌握"适度"，就要靠目标指引。目标明确，有利于保证应对措施的适度性。二是对风险管理作用的整合与提升。良好的目标设定过程同时也是一个风险管理过程，风险管理目标的设定与业务发展目标的设定融合互动，保证两者协调兼容，满足风险偏好并支持战略实施，在实现风险目标的同时也支持了业务发展，从而减少风险控制与业务经营的对立冲突，风险控制直接服务于企业根本目标的实现。三是在经营困难时期的重要抓手。从目标出发管理风险、以管理风险为目标实现提供合理保证，这一逻辑思想在企业经营困难时期尤其重要——有利于在纵向各层级和横向各部门之间更好地形成合力，减少力量浪费和无益掣肘。做到这一点，需要全面梳理企业核心目标，形成一个或几个目标树，纵向涵盖各层级，横向涵盖各部门，以分目标实现能够保证总目标实现为前提处理好目标的分解与整合。通过审视分目标的必要性和重要性可以确定一个单位工作的必要性和重要性，并将其作为考核的基础。

风险管理会因目标有无而结果迥异。无目标或目标不明晰，将会把风险管理推向极端，或者过于强调风险，偏重局部利益，规避管理责任，这时既使前后台之间出现严重对立，也使风险管理在保障安全的旗帜下偏离了企业的宗旨，因为银行是要通过承担风险来实现利润进而完成自己使命的；或者自由发挥弹性大，可严可宽，取决于个人意愿和执业操守，风险管理的效率、效果和合规问题都孕育其中。有了清晰目标，政策制度就应与之协调，标准、规则一切透明，前后台都在相互协调统一的目标、标准、规则下开展工作，目的一致分工不同，这样前后台都在为企业最终目标的实现、企业使命的完成而努力，工作有分解、有合力，分解体现了内部控制，合力体现了企业目标，有利于减少前后台的矛盾冲突，促进企业目标的实现。控制风险和发展业务都是企业的目标，但如果两者缺少在企业宗旨下的适度整合、协调，分别、独立地予以强调，以致思想不一各执一词，貌似从各自角度维护企业，其实都偏离了企业宗旨，也影响了企业根本目标的实现。

相对于从损失出发识别和管理风险，从目标出发更有实际意义。一是目标要求不低于损失要求，更切合实际；二是目标要求涵盖范围更广，包括定量和定性要求；三是目标要求与当前工作和长远规划融为一体，直奔主题；四是目标要求不局限于传统风险管理，可以把传统风险管理的框架思路推行到其他经营管理领域。

第二节　实　践

目标是企业经营管理的灯塔。以目标为龙头，梳理、整合、提升风险管理，将进一步发挥风险管理效能，提高企业经营管理水平。首先要完善目标体系，集中体现风险管理工作要求；然后把风险管理体系匹配到目标体系中，在匹配过程中进一步整合完善目标体系和风险管理体系，最终合二为一。两套体系全面融合、相辅相成，目标体系牵引着风险管理体系，风险管理体系紧跟目标体系。

目标管理中的两个常见问题：一是没有目标，二是目标独立。经济形势好的时候，不良贷款持续下降，由于不良率指标会自然好转而忽略了包括不良率指标在内的整个风险管理目标的统一管理。这时虽然不良率指标在好转，但结构性问题、潜伏性问题可能在业务快速发展时变得更加严重，为经济形势坏的时候大量劣变埋下祸根。风险管理目标的独立性体现为：风险管理目标与全行顶层的基本目标之间脱节、风险管理目标在前后台之间的沟通协商及任务分配脱节、风险管理目标与风险管理制度之间脱节，目标独立的结果是"部门银行"明显，大机构病突出，各自为政相互掣肘，靠领导协调和私下沟通，企业竞争力下降。

第十章 目标②——目标设定

关注问题：风险管理的角色定位是协同还是独立。

第一节 概 述

一、不同层级目标的设定

COSO 框架提出了对不同层级目标的设定要求，先战略后其他，先总体后分解。"设定战略层次的目标，为经营、报告和合规目标奠定了基础。每一个主体都面临来自外部和内部的一系列风险，确定目标是有效的事项识别、风险评估和风险应对的前提。""在管理当局识别和评估实现目标的风险并采取行动来管理风险之前，首先必须有目标。"

"一个主体的使命从广义上确定了该主体希望实现什么……由此，管理当局设定战略目标，进行战略规划，并为组织确定相关的经营、报告和合规目标。尽管一个主体的使命和战略目标一般是稳定的，但是它的战略和许多相关的目标却更多是动态的，并且会随着内部和外部条件的变化而调整。""战略目标是高层次的目标，它与主体的使命/愿景相协调，并支持后者。"

144

"主体层次的目标与更多的具体目标相关联和整合，这些目标贯穿于整个组织，细化为针对诸如销售、生产和工程设计等各项活动和基础职能机构所确立的次级目标。""各个层次的目标与组织中逐渐下推的更加具体的目标相关联。"

"恰当的目标设定过程是企业风险管理的一个至关重要的构成要素。""作为企业风险管理的一部分，管理当局不仅要选择目标并考虑它们如何支持主体的使命，而且要确保它们与主体的风险容量相协调……有效的企业风险管理并不是指明管理当局应该选择什么目标，而是管理当局应该制定程序来使战略目标与主体的使命相协调，并且确保所选择的战略和相关的目标与主体的风险容量相一致。"

COSO 框架把目标设定阐述为从企业使命到战略制定再到具体经营管理计划的自上而下的一系列相互衔接、逐步具体的行动规划，强调风险管理为企业目标实现服务。需要注意的是：①COSO 在把战略和经营目标作为管理对象时，其目标是战略和经营计划本身要实现的目标，不是风险管理的目标，风险管理目标隐含在风险容量中。这时，实际上有两个目标，从目标出发识别风险时的目标，就是该管理对象本身，即战略和经营目标本身蕴含的风险，在实施战略和经营目标时既有目标的实现风险、也有目标实现衍生的其他风险。②COSO 在把报告和合规目标作为管理对象时，其目标既是报告和合规本身要实现的目标同时也是风险管理的目标，这时，两个目标是合一的。综合不同情况，四元框架把风险管理对象和风险管理目标分别单列，使两者更清楚。这时，从目标出发识别风险的目标，是风险管理的目标，这个目标指向具体的管理对象，也就是说，识别管理对象存在的对管理目标有负面影响的事项，风险识别服务于风险管理。可以从管理对象本身出发识别风险，这时的风险识别实际上是着眼于广泛意义上的企业价值创造，对从一般意义和专业意义上认识风险也是必要的。按照四元框架，可以把各种风险作为管理对象，这时需要建立从企业整体到各种风险、从企业整体到各职能单位即管理主体的风险管理目标体系，指引具体风险管理工作。同时，要处理好风险管理目标体系与经营管理计划体系的互动和衔接，保证风险管理在适度控制风险的同时支持企业价值创造。

二、同一层级目标的协调

巴塞尔协议第二支柱提出了风险充足自我评估（ICAAP）要求，核心是业务发展、风险控制、资本充足三者之间的协调互动，即通过调整业务发展计划、风险控制计划以及资本管理计划使三者综合协调平衡，保证资本充足。三者协调互动的约束是风险偏好，既满足风险要求，也满足利润要求，包括资本充足率和资本回报率等要求。

目标之间协调平衡的关键，一是目标的适度性，过度富余会形成浪费，也会增加成本；二是不同目标责任主体的相互认同度，虽然目标在形式上体现为不同主体的不同职责，貌似独立，但在具体实现时具有密切关联性，只有相互认同、齐心协力才有利于工作开展、有利于各自目标的顺利实现。通过顶层设计详细的业务规划和风险规划，协调一致，再具体分解落实，既保证了全行经营目标的实现，也保证了前后台之间分工协作的顺利进行。

第二节 实 践

目标是企业经营管理的灯塔，有定量目标也有定性目标，有全局目标也有局部目标。对应企业的组织结构，建立相应的目标结构，形成一张目标网，保证局部目标支持整体目标，短期目标支持长期目标，长期目标支持企业使命。做到纵向链接——目标与使命相关联、对实际有牵引，横向联动——并列节点既有相互关联的目标、也有各自独立的目标。完善目标体系，可充分调动各方力量，共同指向企业目标，有利于提高贡献度和协调性，对风险管理甚至企业经营管理都是必要的。

风险管理需要流程分解、内部控制，企业经营需要力量整合、齐心协力，做好目标管理有利于在分解的同时形成合力，提高风险管理效率，更好地促进企业经营。首先，目标管理是风险管理的基础，是风险管理的出发点和落脚点，风险管理需要有目标。其次，风险管理目标是企业目标的一个组成部分，应作为风险管理全流程各环节的目标，而不只是风险管理部门或岗位的目标，同样，业务经营目标也是企业目标的一个组成部分，相关经营目标也不只是业务部门或岗位的目标，应作为一项业务全流程各环节包括风险管理部门的目标，仅仅是依据分工不同各有侧重。

每个部门、环节都在为实现企业目标努力，只是分工不同各有侧重，避免局部目标超越整体目标、重分解轻合成以致影响业务开展。

每个企业都有自己的目标，但在企业内部不一定都有健全的目标管理机制。首先，局部目标是否都与总体目标相协调，是侧重局部利益自下而上为主相对独立产生的，还是侧重整体目标实现自上而下为主统一分解确定的；其次，相关目标之间是否协调，是"数字"协调还是兼顾"思想"协调。目标设定的质量高低，影响到每个目标责任主体的功能发挥、责任主体之间的协调配合和企业整体目标的实现。

第十一章 目标③——统筹兼顾

关注问题：是否建立健全目标体系统筹发展和安全、当前和长远。

第一节 概 述

一、发展和安全

风险管理工作内容大致可分为两类，一是功效发挥类，直接作用于风险，实现企业目标；二是功能建设类，间接作用于风险，是前者的力量源泉，两者关系类似于实战和备战。文化、机制、队伍、系统、技术等方面的建设属功能建设类，风险识别、评估、应对等工作属功效发挥类。功能建设对内，功效发挥对外，前者是基础，后者是应用。在功效发挥方面，风险管理工作是局限于风险控制，还是在控制风险的同时支持企业发展，关系风险管理的职能定位和自身价值体现。企业管理风险是为实现可持续发展，风险管理应着眼全局为发展服务。因此，风险管理工作需要双线并举，以功能建设保障功效发挥，为发挥更好的功效需要把控好职能定位，在支持发展中控制风险。为此，需要建设好目标体系，以健全的目标体系推进各方面工作。

二、当前和长远

风险酝酿、发展和显现是一个动态甚至长期的过程，风险管理重在防患于未然。但前瞻性的预防性管理，由于缺乏突出问题，甚至还会影响业务开展而容易忽视，于是产生了风险管理如何既重当前也重长远的问题。风险具有滞后性，企业要可持续发展，应正确对待长短期目标，长期目标要始终重视，不以当前形势好坏、压力大小而放松；短期目标要根据形势变化相应调整，并与长期目标相协调。相应地，风险管理工作应长抓不懈。

第二节　实　践

目标由长短期组成，短期目标有一定的被动性，易受重视；长期目标需要一定的主动性，易被忽视。功效发挥和功能建设也一样，功效发挥可受现实驱使，功能建设则需主观驱动，需要视野开阔、虚怀若谷，需要发挥积极性、创造性，不断创新发展。在功效发挥上风险管理服务安全容易，兼顾支持发展困难。更好地发挥目标的统领作用，需要统筹兼顾长短期风险、风险管理的功效发挥和功能建设以及控制风险和支持发展，努力促进企业可持续发展。

风险管理由低到高可粗略分成三个层级：

第一级：平安无患型——既无实战，也无备战；

第二级：功效发挥型——重实战轻备战，重当前轻长远；

第三级：功效发挥＋功能建设型——兼顾实战和备战、短期和长期、发展和安全。

风险管理是否兼顾了长短期风险，功效发挥和功能建设以及发展和安全？经营形势好的时候是否抓长远、练内功，经营形势差的时候是否储备有余、应对有力？风险管理目标体系建设至关重要。

第十二章 要素①——概念解释

关注问题：风险管理各要素是扎实存在还是仿佛都有。

第一节 概 述

COSO框架中共有八个要素——内部环境、目标设定、事项识别、风险评估、风险应对、控制活动、信息与沟通和运行监控，一并摘要并说明如下。

• 内部环境——内部环境包含组织的基调，它影响组织中人员的风险意识，是企业风险管理所有其他构成要素的基础，为其他要素提供约束和结构。内部环境因素包括主体的风险管理理念、它的风险容量、董事会的监督、主体中人员的诚信、道德价值观和胜任能力，以及管理当局分配权力和职责、组织和开发其员工的方式。管理当局确立关于风险的理念，并确定风险容量。内部环境为主体中的人们如何看待风险和着手控制确立了基础。

COSO把内部环境作为一个独立管理要素提出来，既体现了其重要性，也有一定不足。不足主要是：从内容组成的角度看，内部环境中既有思想层面的文化因素，也有风险管理具体实施要达到的目标因素等，比较混杂，且把风险管理目标隐含其中。既然把风险管理行为要素展现出来，就更应把目标要素同时展现出来。在本书的四元框架中将COSO框架中内部环境包含的风险容量等涉及风险管理目标的内容提取出来作为一个独立的目标维度，这样内部环境主要是指风险管理所依存的企业文化等背景因素。

● 目标设定——设定战略层次的目标，为经营、报告和合规目标奠定了基础。每一个主体都面临来自外部和内部的一系列风险，确定目标是有效的事项识别、风险评估和风险应对的前提。目标与主体的风险容量相协调。必须先有目标，管理当局才能识别影响他们实现的潜在事项。

COSO框架中的上述目标不完全是风险管理目标，战略和经营目标属于业务开展或价值创造目标，报告和合规目标属于风险管理目标，对战略和经营目标实施风险管理要实现的风险管理目标在其内部环境中即其中的风险容量。战略和经营目标属于风险管理对象，对其实施风险管理要实现的风险管理目标是风险容量，这就容易使风险管理对象和风险管理目标相混淆。在本书的四元框架中把作为风险管理对象的COSO框架中的战略和经营目标放在对象维度，而把作为风险管理的目标作为一个独立的目标维度，把风险管理对象和风险管理目标分别单列，解决了这一问题。

● 事项识别——管理当局识别将会对主体产生影响的潜在事项——如果存在的话，并确定它们是否代表机会，或者是否会对主体成功地实施战略和实现目标的能力产生负面影响。带来负面影响的事项代表风险，它要求管理当

153

局予以评估和应对。带来正面影响的事项代表机会，管理当局可以将其反馈到战略和目标设定过程之中。事项识别涉及从影响目标实现的内部或外部原因中识别潜在的事项。它包括区分代表风险的事项和代表机会的事项，以及可能二者兼有的事项。机会被反馈到管理当局的战略或目标制定过程中。

- 风险评估——风险评估使主体能够考虑潜在事项影响目标实现的程度。管理当局从可能性和影响程度两个角度对事项进行评估，并且通常采用定性和定量相结合的方法。应该个别或分类考察整个主体中潜在事项的正面和负面影响。基于固有风险和剩余风险来进行风险评估。

- 风险应对——在评估了相关的风险之后，管理当局就要确定如何应对。应对包括风险回避、降低、分担和承受。在考虑应对的过程中，管理当局评估对风险的可能性和效果的影响，以及成本效益，选择能够使剩余风险处于期望的风险容限以内的应对。

- 控制活动——控制活动是帮助确保管理当局的风险应对得以实施的政策和程序。控制活动的发生贯穿于整个组织，遍及各个层级和各个职能机构。它们包括一系列不同的活动，例如批准、授权、验证、调节、经营业绩评价、资产安全以及职责分离。

- 信息与沟通——主体的各个层级都需要借助信息来识别、评估和应对风险。有效沟通的含义比较广泛，包括信息在主体中的向下、平行和向上流动。

- 运行监控——对企业风险管理进行全面监控，随时对其构成要素的存在和运行进行评估，必要时加以修正。通过这种方式，它能够动态地反映，根据条件的要求而变化。企业风险管理的缺陷被向上报告，严重的问题报告给高层管理当局和董事会。

第二节　实　践

风险管理的基础是内部环境——要重视环境建设；各层级人员以目标为核心——目标是风险管理的出发点和落脚点；对影响目标实现的风险因素进行识别和评估——评估风险因素是对其深入认识和有效应对的前提；采取应对措施并监控落实——应对措施是对风险因素评估后采取的针对性的管理；把风险控制在风险容量范围内，努力实现目标——应对措施要有明确的预期结果，要评估剩余风险。

现行风险概念重点强调"损失"，与COSO框架强调"目标"相比，对实际工作的作用要小，要求要低，也降低了风险管理的地位。从目标出发定义风险、管理风险，使风险管理不仅是控制损失，而是为企业实现目标服务，直接服务于企业创造价值的宗旨，有利于提升风险管理效能并减少部门之间的对立冲突。

COSO框架强调风险的层级性，要采取组合的角度审视企业整体性风险。实践中对专业风险、个案风险管理较多，对整体风险从组合的角度评估和控制较少。

风险管理的针对点是风险因素，对其识别后要进行评估以决定风险措施，实践中对风险因素的评估相对欠缺。

COSO 框架强调对风险管理有效性的监督评价，不断改进，持续保持有效性。实践中主要是针对具体问题采取具体措施，对整体或专业风险管理有效性的独立、全面的监督评价相对欠缺。

第十三章 要素②——流程环节

关注问题：风险管理各环节是循序渐进还是相互独立。

第一节 概 述

一、COSO 框架解析

COSO 框架中共有八个要素——内部环境、目标设定、事项识别、风险评估、风险应对、控制活动、信息与沟通和运行监控。八个要素实际包含了两层循环：

大循环：内部环境（基础）—管理流程（小循环）—运行监控（动态完善）；

小循环即管理流程：目标设定、事项识别、风险评估、风险应对、控制活动、信息与沟通。

环境虽很抽象，但很重要，关系机制运转的有效性；机制很具体，便于抓落实，但要有良好的环境依托；有效性是静态的和暂时的，要不断监督和改进。实践中容易做到的是位于中间的小循环，即管理流程，难以做好的是两端，即环境建设和动态完善。COSO 强调组织文化、承受能力（风险容量和容限）、组织目标等最基础、最核心的事项，重视对风险管理有效性的动态评价和改进，从风险管理基础、风险管理流程和对风险管理的再管理三个方面规范风险管理。

事项识别＋风险评估＝风险属性。风险识别是找出影响目标实现的负面因素，风险评估要针对风险因素的两个本质属性：发生概率和损失程度。没有识别就没有管理，没有评估等于没有识别，评估可以是定性的也可以是定量的。容易模糊的问题是，风险识别的宽泛性和风险计量的一般性，即把宽泛性的风险识别和一般性的风险计量直接嫁接到具体的风险载体上，模糊了对具体风险的本质认识。一个风险载体往往包含多个负面因素，如不能判断每个因素发生的可能性和危害程度，就不能清晰认识具体风险。在对个体引用风险计量结果时需要注意的问题是，风险计量往往是针对一个共性目标群体，结合长期历史表现，提炼出来的一般风险规律，适用于群体，不能逐一考虑个体的特殊问题。风险评估是风险因素评估还是风险结果评估，不同场合有不同要求，不同评估有不同作用，实践中两者容易产生混淆。

风险应对＋控制活动＋信息与沟通＝管理属性。风险应对是采取何种措施管理风险，可以侧重于风险因素也可以侧重于风险结果，贷款往往是前者，交易往往是后者。控制活动是保证风险管理措施落实，注意管理者和操作者的衔接。信息与沟通是掌握情况，耳聪目明，注意谦虚谨慎体察入微还是过于自信排斥异见。

风险管理八要素有如下逻辑递进关系：

风险属性＋管理属性＝"操作层面"的风险管理；

目标设定＋"操作层面"的风险管理＝"管理层面"的风险管理；

内部环境＋"管理层面"的风险管理＝完整的风险管理；

运行监控＋完整的风险管理＝有安全保障的风险管理（风险管理监控问题将在下面单独说明）。

八个要素的上述逻辑关系可用下图展示：

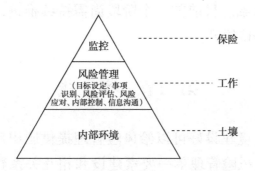

全面风险管理之"全面"的不妥之处在于，"全面"更多的是强调管理对象之全面，其次是管理主体之全面，而对管理方式、管理要素、管理流程等 COSO 之核心内容，不仅无法表达出来，而且也被"全面"所掩盖，实践中被忽略。

二、风险管理发展历程

从风险管理的四元组成（主体、对象、目标、要素）看，根据不同时期的侧重点差异，大致经历如下阶段：首先是要素阶段，侧重于基础风险管理，实施巴塞尔协议后将风险评估推向新高度；然后是主体阶段，侧重于内部环境建设，股份制改造后将公司治理提升到新高度；再后是对象阶段，侧重于在大规模和多元化发展情况下的组合管理，如全面风险管理、国别风险管理等；下一步发展重点应是在持续推进前三个阶段的基础上强化目标管理和整合管理即四元（主体、对象、目标、要素）综合管理阶段，以便更好地应对复杂形势，以及提升管理效果，突出企业的存在价值即目标实现问题，上述三个方面的发展为此奠定了良好基础。目前前三个阶段尚需持续推进，第四阶段虽有雏形仍待提升。

第二节　实　践

内部环境建设好可以给风险管理提供肥田沃土，使其根深叶茂。风险管理单一要素建设和相互关系建设并行才能形成一支战斗队伍，联合抵御风险。对风险管理实施再管理可以保证风险管理的持续有效性，提高安全度。

风险管理的基本形象广为人知，但具体环节的具体特点容易模糊。从整体来看，小循环比大循环的认知程度高；从小循环内部看，各环节自身比相互关系的认知程度高。

风险管理实践的一个思路是从问题出发开药方，实用性强，如在此基础上能够结合一般性要求审视"健康"的实践，则可以更好地预防风险，类似于挂号治病和体检保健的关系。

第十四章 要素③——风险计量

关注问题：对待风险计量的态度是中间还是左右。

第一节 概 述

一、风险计量的重要性和局限性

风险管理中的一个基本思想是"心中有数"，管理风险必须确定管理目标，掌握实际状况，要用数字说话，不能计量就不能管理。COSO框架《序》中有这样的表述："管理当局所面临的最为重要的挑战之一是确定所在的主体在为创造价值而奋斗的同时，准备承受和实际承受了多大的风险。""准备承受和实际承受了多大的风险"是风险管理的核心，起初要有"准备承受多大风险"的管理依据，即风险容量；管理过程中要有"实际承受了多大风险"的对风险状况的掌握，即风险评估，两者结合才能把风险控制在目标范围内。风险评估是八个风险管理要素之一，风险计量是风险评估的深化。风险计量也是巴塞尔协议的基础，在风险量化的基础上提出资本要求。

风险计量的重要性毋庸置疑，但也正因如此，容易忽视其局限性。正确对待风险计量，需要正确认识风险计量中两个核心问题，一是对在险价值概念的认识，在险价值是否具有普适性；二是对计量基础的认识，历史是否可以重复。关于第一个问题，在险价值概念现已从市场风险领域推广到所有风险领域，致使对 VAR 使用过度，意义牵强，效果不佳。VAR 与计量对象的价值属性直接关联，这在市场风险领域有其自然的生存基础——计量对象的价值可观测，对计量对象管理的核心落脚点也集中在其价值上，这就使得风险计量的输入、输出及其使用都直接与现实世界相关联，可以说 VAR 值来源于生活、服务生活又高于生活，与现实世界有着密不可分的关系。但在其他风险领域，上述特征就逐渐模糊以至不存在，不得不依赖人为定义来解决相关问题，甚至很难具体理解 VAR 值的实际意义。对 VAR 的过度推广，超负荷表现，必然带来各种问题。关于第二个问题，风险计量存在的基础是历史与现实的相关性，相关性越高计量越准确。统计模型需要完全从历史数据中找规律，理论模型也需要用历史数据估计模型参数，历史在决定未来中发挥了较大作用。如果计量对象的风险特点没有很好体现在历史信息中，就难以取得理想的计量结果。因此，在风险计量过程中，需要预先识别判断计量模型的输入和输出特点，以及历史和现实的关联程度。在某些信贷领域历史与现实的相关性差，非模型因素有时会起到重要作用，如国家和银行的政策调整，在贷款质量的影响因素中政策因素有时甚至要大于市场因素。如前些年劣变比较严重的小企业钢贸类贷款，这类贷款企业有其特有的经营模式，相应地，银行也有其特有的贷款模式，后来这对孪生兄弟俱已崩溃——企业经营不下去了，银行贷款模式调整了。这类贷款特点在历史数据中没有反映，具有同样财务指标的两个企业，如果一个经营钢贸而另一个经营粮贸，那么钢贸企业现在很可能已经倒闭，而粮贸企业很可能还经营得不错，所以，用历史数据难以很好预测当前贷款。进一步延伸，当前数据也将成为历史而被用于预测将来的贷款，由于这一贷款模式可能不再持续，未来的预测同样不会取得理想的结果。这一案例说明，如果预测对象的关键影响因素没有充分体现在历史信息中，也即，历史与现实的相关性低，那么从历史信息出发所做的预测也就不会取得理想结果。上述两个问题说明，风险计量既有其价值，也有其局限性。第三版巴塞尔协议提出杠杆率要求作为对以风险计量为基础的资本充足率要求的补充，也与此相关。

二、对待风险计量的正确态度

对风险计量应持客观态度，知悉来龙去脉、是是非非，能够扬长避短、掌握适度，使风险计量正本清源，尽其所能而不苛求。在风险管理中定量与定性手段的高低配比顺序依次是：市场风险、信用风险、操作风险，这点是有广泛共识的。金融市场竞争充分，个体参与者影响力小，市场风险计量的可操作性高、计量结果的可用性强，相应地，定量手段用得比较多，这也是 VAR 值的诞生地。但到了信用风险和操作风险等领域，相应的市场环境不存在，风险因素及其影响结果的可观测性欠缺，个体特有因素起到了较大的影响作用，风险规律的连续性差，致使现实风险难以准确计量，相应地，定性手段用得比较多。风险计量在风险管理中的实际应用程度，说明了这样一个事实：风险计量既有其得心应手的一面，也有其手足无措的一面，是"专科医生"。因此，既要重视风险计量，又不能过于倚重风险计量，要对症下药。

第二节　实　践

积极开展风险计量，正确使用风险计量，对做好风险管理意义重大。资本要求建立在风险计量基础上，提升资本管理水平需要做好风险计量和应用工作，特别是在盈利能力下降、资本约束增强的情况下，如何管好用好资本更加重要。管好风险的前提是识别风险和评估风险，没有评估就会眉毛胡子一把抓，分不清轻重缓急，风险计量有利于更好地认识风险，特别是宏观风险。

对风险计量的使用程度决定于信任程度，信任程度决定于理解程度。风险计量的技术性既体现了其先进性，也体现了相对其他直观风险指标的局限性，把计量结果既客观又通俗地展现有利于推广应用，风险管理相关人员也需要适应技术发展了解一点基本概率统计知识。

对风险计量容易出现左倾或右倾两种不正确立场，尤其是在风险计量推出的初期。近年来特别是随着巴塞尔协议的广泛实施，风险计量技术快速发展和普及，推动风险

管理迈上新台阶。由于风险计量的复杂性，实践中对其持
左倾和右倾的态度相对多些。一种是排斥，认为不可靠不
可信，装点门面而已。持这种态度，风险计量失去意义，
看不到别人能看到的东西。纷繁芜杂的历史数据中包含的
丰富信息，不是一双慧眼就能看得清楚明白，需要加工提
炼，排斥计量是错误的。另一种是迷信，认为风险计量属
于高精尖的东西，爱不释手。持这种态度，高估风险计量
的功效，将得到正常情况下得不到的东西，包括大成功和
大失败，迷信计量也是错误的。风险计量确有其迷人之处，
是一门涵盖金融和数学等学科的综合学科，技术复杂，发
展迅速，但它也仅仅是风险管理八个要素中的一个要素，
并不能取代其他要素，需要客观对待，正确使用。

第十五章 要素④——有效性监控

关注问题：风险管理有效性的保障机制是否健全有效。

第一节 概 述

一、风险管理有效性的动态性

风险管理有效性是动态变化的。风险管理由企业各层级的人员实施，运用八个管理要素，作用于各管理对象，努力实现管理目标。曾经有效的风险管理，由于人员的变化、管理对象的变化、外部环境的变化等原因可能不再有效。固化的管理模式不能适应变化的风险形势和管理目标，包括企业内外、主观与客观的变化。"一个主体的企业风险管理随着时间而变化。曾经有效的风险应对可能会变得不相关；控制活动可能会变得不太有效，或者不再被执行；主体的目标也可能变化……管理当局需要确定企业风险管理的运行是否持续有效。"

即使有效的风险管理也具有一定的局限性，无效的风险管理将带来严重后果。COSO文件中强调了由于各种主客观原因，企业风险管理难免有一定局限性，也由此说明它

166

对企业目标的实现不能提供绝对的保证，而只能提供合理的保证。"人类在决策过程中的判断可能有纰漏，有关应对风险和建立控制的决策需要考虑相关的成本和效益，类似简单误差或错误的个人缺失可能会导致故障的发生，控制可能会因为两个或多个人员的串通而被规避，以及管理当局有能力凌驾于企业风险管理决策之上。这些局限使得董事会和管理当局不可能就主体目标的实现形成绝对的保证。"

二、对风险管理的再管理要求

巴塞尔委员会在其很多风险管理文件中都提出了对风险管理的监督评价要求。在《信用风险管理原则》中提出，"银行应建立独立、持续进行的信用风险管理评估系统，评估结果应直接提交给董事会和高级管理层（原则14）。"在《利率风险管理与监管原则》中提出，"银行须具备利率风险管理机制方面完善的内部控制系统，定期独立地评审内部控制系统的有效性，是该系统的一个基本组成部分，必要时还应对该系统进行修改或升级。此类评审的结果，应报送有关监管当局（原则10）。"在《操作风险管理与监管的稳健做法》中提出，"董事会应……核准并定期审核本行的操作风险管理系统（原则1）。""董事会要确保本行的操作风险管理系统受到内审部门全面、有效的监督（原则2）。"在《银行机构流动性管理的稳健做法》中提出，"每家银行必须建立恰当的流动性风险管理的内部控制系统。内部控制系统的一个基本要素是：定期的、独立的检查和评价系统的有效性，并在必要时确保对内部控制进行适当调整或加强。此项检查的结果应向监管当局提供（原则12）。"

COSO框架八要素之一即是对企业风险管理的监控，随时对其构成要素的存在和运行进行评估，保障风险管理的持续有效性。强调企业风险管理的评价标准是八个构成要素是否存在和有效运行，对各类目标是否都进行了有效的风险管理，强调要素和目标。"认定一个主体的企业风险管理是否'有效'，是在对八个构成要素是否存在和有效运行进行评估的基础之上所作的判断。如果确定企业风险管理在所有四类目标上都是有效的，那么董事会和管理当局就可以合理保证它们了解主体实现其战略和经营目标、主体的报告可靠以及符合适用的法律和法规的程度。"

四元框架更有利于评估企业风险管理的有效性。站在风险载体即管理对象的角度，看其是否有明确的风险管理责任主体，责任主体是否有清晰的管理目标，是否从目标出发正确使用了八个管理要素。从不同角度分割与组合对象，不局限于各风险类别，可以保证风险管理评估不留盲区全面覆盖。风险管理有效性评价既要有总体，也要有局部，实践中后者较多，侧重于已经受到重点关注的对象。

三、再管理的实施

风险管理有效性监督评价的对象是风险管理问题而非风险问题。风险问题由风险管理者直接负责，能否得到正确处理取决于风险管理者是否正确实施了风险管理。也即，风险问题是末,风险管理问题是本。风险好坏不能完全说明风险管理好坏,风险管理好坏可以在一定程度上决定现在尤其是未来的风险好坏。虽然,可由风险问题反射风险管理问题,但风险问题也只是了解风险管理问题的一个参照点而已。如果把关注重点只集中在风险问题上,将不能及时发现和解决管理问题,结果将是一叶障目、被动反应、靠天吃饭。因此,评估风险管理有效性要对风险管理进行体检,是对风险管理的再管理。

对风险管理有效性进行监督和评价,应由相对独立的一方即区别于风险管理责任主体的中立者进行。同时,也应有相对独立的监督评价标准,即保证风险管理体系健康运行的基本标准,不应侧重于复核风险管理责任主体制定或执行的规定,监督评价方要承担起对风险管理的再管理之责。COSO文件中提出董事会要了解企业风险管理的有效性,及其对重大风险是否进行了有效的管理。"董事会成员应该与高层管理当局讨论主体企业风险管理的状况,并提供必要的监督。董事会还应该确保主体的企业风险管理机制能够提供对与战略和目标有关的最重大的风险的评估,包括管理当局正在采取什么行动,以及它是怎样致力于对企业风险管理进行监控的。董事会应该请内部审计师、外部审计师和咨询人员提供帮助。建议首席执行官应该评估主体的企业风险管理能力。"

第二节　实　践

实践中风险管理容易出现的问题,第一,从整体运行机制看，对风险管理的再管理机制容易出现薄弱或欠缺。实践中虽有风险管理的第三道防线，但第三道防线不一定肩负起对风险管理的再管理之责，不一定能够全面回答风险管理的有效性问题。风险管理的有效性问题需要持续监督评价，再管理机制欠缺将使一些隐蔽的风险管理问题不断扩展，达到一定程度以至显性化后才被充分关注。第二，从风险管理自身组成单元看，①在主体方面容易出现目标和职能的权衡取舍问题，由于利益冲突、上级影响等各种原因，在多种因素平衡下，重表象轻实质，以致不能正确反映、有效管理风险；②在对象方面全面性问题容易被忽视，习惯于从某一或某些角度看风险而致视野狭隘，忽视了一些具体问题；③在目标方面容易出现平衡和衔接问题，一是业务目标和风险目标如何协调，经常因势而异偏重其一，二是局部目标和整体目标如何衔接，机构臃肿低效问题也与此有关；④在要素方面容易出现风险识别、评估和应对三者的务实和衔接问题，一是风险识别不是海阔天空杞人忧天，要与风险敞口相关联，二是风险评估既要与风险识别相关联，也要处理好一般性评估和具体问题的关系，三是风险应对既要追求实效也要与风险识别、评估相关联，四是三者之间本应具有的一脉相承的关系容易出现三足鼎立的错位：风险识别形式化、风险评估独立化、风险应对制度化，对上述三者需要求真务实，处理好传统与现代、经验与技术、定性与定量的结合，既要处理好单一环节也要处理好环节之间的衔接。第三，从内部环境看，文化问题容易被忽视，一旦形成不够健康的文化又将对实际工作

170

产生深远影响。如，是否形成不健康甚至泡沫化的担保文化？如果担保从附属地位的再覆盖一跃而成为主体地位第一还款来源的替代品，信用与担保之间主宾错位、主缺宾补，双保障就变成了单保障，有保障就变成了无保障；如果两者之间存在正相关的依存关系，也会使形式上的有保障变成事实上的无保障。如果担保至上而又缺乏实质抗风险能力，贷款就成了空中楼阁，经不起风吹雨淋。再如，管理者与操作者之间是否密切衔接？是否存在说教与执行、无责与无奈的现象，即政策制度、工作要求理想化，实际难操作，界限又模糊，出现问题后都是没有严格"按章办事"。要求是无限的，执行是有限的，说到了做不到，上下脱节，不能正视问题、共同解决问题。还有，是否存在文化模糊与制度杂乱的循环互动？指导思想、基本原则等处于"宪法"层次、统领各项制度、统率各级领导的文化意识如果趋于淡薄，具体制度因人因事而异，是非判断、进退抉择缺少了中心，工作就会越来越形式化——章可循则照章办事而不问前因后果，路不通则起而攻之逢山开路，政策制度制定的权威性和执行的严肃性之间构成恶性循环，缺乏文化砥柱会使实践无序、制度泛滥，等等。文化起到覆盖全局、影响全局的作用。

对风险管理的再管理是要保证风险管理的持续有效性。只靠风险管理主体本身的自我认识、自我完善难以做到，依靠第三方蜻蜓点水的监督检查也不能做到。实践中容易模糊的、相似的认识是对风险管理的监督检查，容易将监督检查和有效性管理混为一谈。监督检查的弹性空间和掌握标准十分灵活，与回答"风险管理是否有效"这一刚性、明确的问题相距甚远，也不能明确肩负起对风险管理的再管理之责——监督检查可以说明一些具体问题至多是一些领域的风险管理情况，就监督检查点而言往往也只是说明表象问题而不能说明风险管理是否有效，更不用说整体风险管理是否有效了。

回答风险管理是否有效是一个极具挑战性的问题，常见判断有：

①以结果论成败——形势好的时候一叶障目，酿成大患，普遍存在。形势坏的时候或者归于外部或者否定一切，易走极端。

②以形式论好坏——重形式轻实质，以为功到自然成，盲目乐观，也易酿成大患。

不仅要看形式和结果，更要重视实质，兼顾形式、实质和结果：形式是否具备，需要开展的工作是否都正常开展起来；实质是否到位，各项工作是否扎实有效起到应有作用；结果是否符合预期。

建立对风险管理的再管理机制，承担起对风险管理有效性的监督评价职责，将更好地保障企业经营的安全性。风险管理有三道防线，从各自职责看，第三道防线的职责类似，但要求力度不够。如果能够进一步明确对风险管理进行再管理的职能及其责任归属，从风险管理的基本要求出发、客观和权威地审视现实情况，应能更多地在事前发现并堵塞漏洞，更少地亡羊补牢。

参考文献

［1］COSO①. 企业风险管理——整合框架［M］. 方红星，王宏，译. 大连：东北财经大学出版社，2005.

［2］COSO. 企业风险管理——应用技术［M］. 张宜霞，译. 大连：东北财经大学出版社，2006.

［3］《信用风险管理原则》，巴塞尔银行监管委员会2000年9月发布。

［4］《利率风险管理与监管原则》，巴塞尔银行监管委员会2004年7月发布。

［5］《操作风险管理与监管的稳健做法》，巴塞尔银行监管委员会2003年2月发布。

［6］《银行机构流动性管理的稳健做法》，巴塞尔银行监管委员会2000年2月发布。

［7］巴塞尔委员会《第二支柱指导意见的补充文件》。

---

① COSO是美国反欺诈财务报告委员会的发起组织委员会，2001年委托普华永道开发一个对于管理当局评价和改进他们所在组织的企业风险管理的简便易行的框架，即《企业风险管理——整合框架》。2004年9月完成，2005年9月翻印。

后 记

作者 30 年前研究生毕业于某著名大学，即将退休于某著名大行，深受老师和领导的恩泽。虽然处大更觉小，仍想以片瓦之功萤火之光回馈学校和单位以及老师、领导和同事。梦长知力微，现在勉强把狭思谬见拼凑起来聊表寸心。书薄意厚，表达有限，感恩无限。同时，对为本书出版提供大力和细心帮助的路清杰、冯乾和刘正瑶三位同事，以及金融出版社的肖炜、方蔚等老师，一并表示衷心感谢。